| 지은이 | **린다 굿맨**Lin

1925년 미국의 웨스트버   인이
자 저널리스트였으며 시인   그녀는 제2차 세
계대전 동안 〈린다의 러브레터Love Letters from Linda〉라는 유명한 라디오 프로
그램을 진행하면서 명성을 얻기 시작했습니다. 그 이후 미국의 동부와 남동
부 지역 신문에 기고를 하면서 본격적인 저술 활동을 시작하였고, 흑인 인권
운동가이자 미국도시연맹National Urban League의 회장이었던 휘트니 영Whitney
Young의 연설문을 작성하기도 했습니다. 린다 굿맨이 풍부한 임상 경험과 인간
에 대한 깊은 이해를 바탕으로 집필한 『당신의 별자리』는 1968년 출간 이후 공
전의 히트를 기록하였습니다. 천문해석학 분야의 책으로는 처음으로 「뉴욕 타
임스」 베스트셀러 목록에 오르는 쾌거를 이루었고, 1978년 출간된 『사랑의 별
자리Linda Goodman's Love Signs』 또한 「뉴욕 타임스」 베스트셀러 목록에 올랐습
니다. 그녀의 책들은 40여 년이 지난 지금까지 전 세계 독자들의 사랑을 받고
있는 고전이며 베스트셀러입니다. 책 곳곳에는 네 명의 자녀를 둔 어머니로
서 자녀들에게 전해 주고 싶은 아름답고 따뜻한 경험과 지혜가 스며들어 있
습니다. 그녀는 콜로라도 주에 있는 크리플 크리크에서 말년을 보냈으며, 그
녀가 살던 집은 현재 여행자들을 위한 게스트하우스가 되었습니다. 1995년
향년 70세로 생을 마감했습니다.

| 옮긴이 | **이순영**

1970년 강릉에서 태어나고 자랐습니다. 한국외국어대학교 영어과를 졸업한 뒤
여러 기업체에서 해외 업무를 담당했습니다. 2009년 도서출판 북극곰을 설립
하여 환경과 영혼의 치유를 주제로 일련의 책들을 꾸준히 발간하고 있으며, 번
역가로도 왕성하게 활동하고 있습니다. 번역서로는 노베르트 로징의 『북극곰』,
마르타 알테스의 『안돼!』, 엠마누엘레 베르토시의 『나비가 되고 싶어』가 있으
며, 린다 굿맨의 『사랑의 별자리』도 곧 아름다운 우리말로 선보일 예정입니다.

당신의 별자리

황소자리

당신의 별자리

황소자리

2012년 12월 21일 초판 1쇄

지은이 린다 굿맨 ‖ **옮긴이** 이순영

펴낸이 이순영 ‖ **편집** 이루리 ‖ **디자인** 오빛나 ‖ **덕담** 최우근 ‖ **박은곳** 한영문화사

펴낸곳 북극곰 ‖ **주소** 서울시 은평구 진관동 은평뉴타운 우물골 239동 1001호

전화 02-359-5220 ‖ **팩스** 02-359-5221

이메일 bookgoodcome@gmail.com ‖ **홈페이지** www.bookgoodcome.com

블로그 http://blog.naver.com/codathepolar ‖ **페이스북** 도서출판 북극곰

ISBN 978-89-97728-20-6 03180   **값** 9,000원

Linda Goodman's Sun Signs

전 세계 1억 독자의 마음을 사로잡은 작가 린다 굿맨
열두 별자리 지구인에 대한 가장 따뜻한 심리학

당신의 별자리

황소자리

4. 21 ~ 5. 21

린다 굿맨 지음 | 이순영 옮김

북극곰

이리하여 이상한 나라가 생겨났네.
이렇게 서서히 하나씩 하나씩
이상한 사건들이 일어나고
이제 하나의 이야기가 만들어졌네.

감사의 말

나의 벗이자 스승인 처녀자리 천문해석가 로이드 코프의 도움과 조언에 깊이 감사드립니다. 로이드의 격려와 신뢰가 없었다면 이 책은 그저 양자리의 여러 꿈 중 하나로만 남아 있었을 것입니다.

★ 열두 별자리 개요

별자리	상징	기간	지배행성	구성 원소	상태
양자리 *Aries*	♈	3.21~4.20	화성 *Mars*	불	활동
황소자리 *Taurus*	♉	4.21~5.21	금성 *Venus*	흙	유지
쌍둥이자리 *Gemini*	♊	5.22~6.21	수성 *Mercury*	공기	변화
게자리 *Cancer*	♋	6.22~7.23	달 *Moon*	물	활동
사자자리 *Leo*	♌	7.24~8.23	태양 *Sun*	불	유지
처녀자리 *Virgo*	♍	8.24~9.23	수성 *Mercury*	흙	변화
천칭자리 *Libra*	♎	9.24~10.23	금성 *Venus*	공기	활동
전갈자리 *Scorpio*	♏	10.24~11.22	명왕성 *Pluto*	물	유지
사수자리 *Sagittarius*	♐	11.23~12.21	목성 *Jupiter*	불	변화
염소자리 *Capricorn*	♑	12.22~1.20	토성 *Saturn*	흙	활동
물병자리 *Aquarius*	♒	1.21~2.19	천왕성 *Uranus*	공기	유지
물고기자리 *Pisces*	♓	2.20~3.20	해왕성 *Neptune*	물	변화

★ 용어 설명

- **천문해석학**astrology : 인간이 태양과 달을 포함한 행성들의 영향을 받는다는 전제 하에 태어나는 시간과 장소에 따른 행성들의 위치에 근거하여 사람의 성격과 삶에 대하여 풀이하는 학문으로, 일명 점성학이라고 알려져 있음.
- **출생차트**natal chart : 태어나는 시간과 장소에서 본 행성들의 위치.
- **충돌 각도**hard aspect : 출생차트의 행성들이 서로 90도나 180도를 이루고 있는 경우.
- **태양별자리**sun signs : 태어난 시간과 장소에서 볼 때 태양이 위치하고 있는 별자리.
- **달별자리**moon signs : 태어난 시간과 장소에서 볼 때 달이 위치하고 있는 별자리.
- **동쪽별자리**ascendant : 태어난 시간과 장소에서 볼 때 동쪽 지평선에 위치하고 있는 별자리.
- **영역**house : 태어난 시간에 태어난 위치에서 보이는 하늘을 12구역으로 나눈 것으로 인생의 다양한 경험 분야를 의미함.
- **경계선**cusps : 각 영역의 시작점.

★ 별자리(태양별자리)란?

'태양별자리'라는 말은 당신이 만약 쌍둥이자리라면 당신이 태어난 시간에 태양이 쌍둥이자리라 불리는 곳에 위치해 있었고, 그 시기는 대략 5월 22일에서 6월 21일 사이라는 것을 의미합니다. 그 기간은 천문해석학 책에 따라 약간씩 다를 수 있습니다. 실제로 태양별자리가 바뀌는 시점은 정해져 있지 않습니다. 자정에 바뀐다고 가정하면 매우 간단한 일이지만 실제로는 그 시간이 하루 중 언제가 될지 알 수 없답니다. 예를 들어, 지난 몇십 년 동안은 양자리가 황소자리로 바뀌는 날은 4월 20일이었습니다. 그러니 4월 20일은 때에 따라 양자리가 될 수도 있고 황소자리가 될 수도 있는 것입니다. 출생차트를 뽑아 보지 않으면 사실은 양자리인 당신이 평생 황소자리라고 잘못 알고 살 수도 있는 것입니다. 어떤 별자리가 시작하는 날이나 끝나는 날에 태어난 사람이라면 정확한 출생 시간과 출생 장소(위도 및 경도)를 알고 있어야만 어떤 별자리인지 정확하게 알 수 있습니다.

※ 이 책에 인용된 시들은 모두 루이스 캐럴의 작품에서 빌어 왔음을 밝혀 둡니다.

　한국어판에서는 비룡소에서 출판한 『이상한 나라의 앨리스』와 『거울나라의 앨리스』를 참조하였습니다.

※ 개인의 출생차트는 윈스타winstar 프로그램이나 http://www.astro.com 등을 이용하여 볼 수 있습니다.

※ 이 책의 각주는 모두 역자가 단 것입니다.

목차

태양별자리를 어떻게 이해할 것인가

오래 전 이야기가 시작되었으니
여름의 태양이 그 빛을 발하고 있을 때
우리가 노 젓는 박자에 맞추어
울려 퍼지던 단아한 종소리

언젠가 당신은 출생차트의 상세한 내용을 알고 싶어질 때가 올 겁니다. 하지만 출생차트를 이해하려면 우선 무엇보다도 태양별자리를 이해해야 합니다. 우리는 잡지나 신문에서 단순히 열두 가지로 분류된 별자리 운세를 흔히 볼 수 있습니다. 그런데 별자리 운세를 읽는 것과 개개인의 태양별자리를 이해하는 것을 혼동하지 않았으면 합니다. 별자리 운세는 대체로 아주 그럴듯한 내용으로 당신의 관심을 끌지는 몰라도 오류가 전혀 없다고 할 수는 없습니다. 당신의 성격과 에너지를 전문적이고도 정확하게 분석하려면 당신이 태어난 정확한 날짜와 시간에 근거한 출생차트가 필요합니다.

하지만 이런 별자리 운세를 '누구에게나 해당하는 뻔하고 일반적인 내용을 모아놓은 잡동사니'로 치부해 버리는 경향도 경계해야 합니다. 이 또한 사실이 아니니까요. 그러한 예언(암시라는 말이 더 적합하겠지만)은 황소자리나 물고기자리 또는 처녀자리에게 각각 적용되는 것이지 열두 별자리 모두에게 마구잡이식으로 적용되는 이야기는 아닙니다. 별자리 운세는 실력 있는 전문가들이 출생차트의 태양별자리를 비롯하여 그 시기에 하늘에서 움직이는 여러 행성들 사이의 각도를 수학적으로 계산하여 작성하므로 어느 정도까지는 예측이 가능합니다. 그러나 중요한 것은 그러한 예측들이 개개인의 출생차트에 있는 태양별자리와 여덟 개의 행성 및 달의 각도를 정확하게 반영하지 않기 때문에 개인별로 완벽하게 맞아떨어지지는 않는다는 것입니다. 이러한 결함을 감안하고 본다면 별자리 운세는 흥미롭고 도움이 될 만한 정보입니다.

태양은 모든 별 중에서도 가장 강력한 별입니다. 태양은 인간의 성격에 지대한 영향력을 미치기 때문에 태양별자리에 대한 해석만으로도 그날 태어난 개인에 대해서 놀라울 정도로 정확하게 설명할 수 있습니다. 태양의 전자기 파장(현재의 연구조사 수준에서는 이렇게밖에 표현할 수 없습니다.)은 우리가 인생을 살아가면서 태양별자리의 기질을 지속적으로 발현해 나갈 수 있도록 해 줍니다. 태양별자리가 인간의 행동과 특징을 분석하는 데 사용하는 유일한 요소는 아니지만, 상당히 중요한 의미를 차지하고 있습니다.

어떤 천문해석가는 태양별자리를 다루는 책들이 민족별·직업별 특징을 무시하고 인간의 특징을 일반화했다고 주장하기도 합니다. 그러한 생각에 대해 이해는 하지만 동의할 수는 없습니다. 물론 태양별자리를 잘못된 태도로 사용한다면 사람들을 호도하기 쉽다는 것은 사실입니다. 하지만 분명한 것은 출생차트 없이 태양별자리를 해석하는 것만으로 탁월하게 인간을 분석하고 본성을 이해할 수 있다는 사실입니다.

개인의 태양별자리는 대략 80퍼센트 정도 정확하며 가끔은 90퍼센트까지도 정확한 경우가 있습니다. 이 정도라면 아무것도 모르는 것보다는 훨씬 낫지 않을까요? 물론 나머지 10~20퍼센트도 매우 중요하므로 무시할 수는 없습니다. 하지만 우리가 한 사람의 태양별자리를 안다면 이미 기본적인 정보들을 얻게 되는 것입니다. 태양별자리에 관한 지식을 신중하게 적용한다면 위험성은 전혀 없다고 할 수 있습니다. 우리가 나머지 10~20퍼센트로 인해 잘못된 정보를 얻을 수도 있다는 점을 유념한다면 자신 있게 태양별자리를 해석할 수 있습니다.

그렇다면 태양별자리란 무엇일까요? 태양별자리란 당신이 태어나서 첫 숨을 들이쉬던 그 순간 태양이 있던 특정한 위치, 즉 양자리·황소자리·쌍둥이자리 등을 말합니다. 이는 천문학자들이 계산해 놓은 천문력 ephemeris에 따라 추출해 낸 정확한 위치를 의미합니다. 일러두기에서 밝힌 바와 같이 어떤 태양별자리가 시작하는 날이나 끝나는 날에 태어난 사람의 경우에는 정확한 출생 시간과 출생 장소의 위도 및 경도를 알아야만 어떤 태양별자리에 해당하는지 정확하게 알 수 있습니다. 다시 말해 이 책을 포함하여 모든 천문해석학 책에서 태양별자리가 시작하는 날과 끝나는 날은 대략적인 날짜라는 점을 반드시 기억해 주길 바랍니다. 이 시작하는 날과 끝나는 날을 경계선이라고 하는데, 이 경계선은 다소 혼란스러운 부분이 있습니다. 어떤 천문해석가는 이 기간을 조금 더 길게 보는 경우도 있지만, 어쨌거나 초보자는 헷갈릴 수밖에 없습니다. 그러나 당신이 태어난 날의 태양별자리가 쌍둥이자리라면 아무리 그 날짜가 경계선에 가깝다고 하더라도 쌍둥이자리라고 보아야 합니다. 쌍둥이자리 앞 별자리나 그 다음 별자리의 영향력을 무시할 수는 없지만, 그렇다고 해서 당신을 황소자리나 게자리로 바꿀 정도로 쌍둥이자리의 특성이 가려지지는 않습니다. 특정 별자리에 위치하고 있는 태양의 광채를 약화시킬 수 있는 것은 아무것도 없으며, 경계선상에 태어난 경우 생기는 약간의 변수조차도 태양별자리의 특성을 완전히 바꿀 만큼 강력하지는 않습니다. 당신이 태어난 시간이 경계선에 해당하는지 정확하게 확인하고, 그런 경우라면 약간은 참작하되 그 다음에는 그 사실을 잊어버려도 괜찮습니다.

출생차트란 무엇일까요? 출생차트란 당신이 태어나던 순간에 하늘에 있던 모든 행성들의 위치를 마치 사진을 찍듯이 정확한 수학 계산에 따라 재구성한 지도라고 이해하면 좋습니다. 발광체인 태양과 달을 비롯하여 여덟 개의 행성이 있으며, 당신이 태어나던 순간에 위치한 12개의 별자리와 10개의 별들이 서로 맺고 있는 각도 및 위치가 당신의 삶에 영향을 미치게 됩니다.

예를 들어 당신이 6월 9일에 태어났다면, 태양이 쌍둥이자리에 위치하므로 쌍둥이자리이며 쌍둥이자리 특성 열 가지 중 대략 여덟 가지를 띠게 될 것입니다. 하지만 감정을 주관하는 달이 양자리에 위치한다면 당신의 감정적인 태도는 양자리의 특성이 나타납니다. 지성을 주관하는 수성이 전갈자리에 있다면 당신의 지적 처리 과정은 종종 전갈자리 특성을 나타내며, 언행을 관장하는 화성이 황소자리에 있다면 당신은 황소자리처럼 느리게 말하는 경향이 있을 것입니다. 또한 금성이 염소자리에 있다면 사랑을 비롯한 예술적이고 창조적인 일에서 염소자리와 같은 태도를 보일 것입니다. 그러나 이런 모든 행성들의 위치로 인한 특성도 태양별자리인 쌍둥이자리의 기본적인 특성을 완전히 없앨 수는 없습니다. 다른 행성들의 위치는 당신이 지닌 복잡한 성격에서 나오는 다양한 모습을 다듬어 주는 역할을 할 뿐이랍니다.

당신을 완벽하게 이해하기 위해서는 다른 요소들도 고려해 보아야 합니다. 먼저 당신이 태어난 시간에 여덟 개의 행성과 두 개의 발광체인 태양과 달이 어떤 각도를 맺고 있는지 살펴보아야 합니다. 그 각도에 따라서 해당 별자리의 영향력이 결정됩니다. 하지만 가장 중요한 것은 당신의 동쪽별자리와 동쪽별자리가 태양과 달 그리고 다른 행성들과 맺고 있는 각도입니다. 동쪽별자리는 상승점ascendant 또는 일출점rising이라고도 하는데 당신이 태어난 순간 동쪽 지평선에 있던 별자리를 의미합니다. 동쪽별자리는 신체적인 겉모습에 상당한 영향을 미치고,(물론 태양별자리도 겉모습에 많은 영향을 줍니다.) 태양별자리가 표현하는 지향성의 토대가 되며 당신의 진정한 내면을 구성합니다. 예를 들어 쌍둥이자리인 당신의 동쪽별자리가 물병자리라면 당신은 상당 부분 물병자리 성향을 띠기 때문에, 쌍둥이자리 특성 중에서 당신에게 있을 법한 특이한 성격이나 은밀한 욕망이 잘 드러나지 않는 이유가 궁금해질 것입니다. 모든 출생차트에서 태양별자리 다음으로 중요한 두 가지 요소는 바로 동쪽별자리와 달별자리입니다.

동쪽별자리를 알고 나서 태양별자리와 함께 차트를 해석하면 매우 흥미로운 사실을 깨닫게 됩니다. 바로 자신의 전체적인 성격에 대해 놀라울 정도로 정확하게 설명할 수 있다는 사실입니다. 여기에 세 번째 요소인 달별자리까지 고려해서 해석하면 당신의 성격에 대해 훨씬 더 정교한 그림을 얻게 됩니다.

다음으로 각 영역의 별자리도 고려해야 합니다. 영역은 출생차트에서 수학적으로 계산된 위치로, 당신의 다양한 삶의 분야에 영향을 미칩니다. 모두 열두 개가 있으며 각 영역마다 하나의 별자리가 할당됩니다. 첫 번째 영역은 항상 동쪽별자리의 지배를 받고, 나머지 열한 개는 시계 반대 방향으로 순서대로 위치하면서 열두 별자리를 완성합니다. 천문해석가는 당신이 태어난 정확한 시간과 장소에 근거하여 출생차트를 뽑고, 열두 개 영역에 해당하는 각 별자리들의 의미를 해석하고, 또한 각 영역에 들어가 있는 행성들의 의미를 고려합니다. 앞서 설명한 모든 요소들을 섞어서 당신의 성격, 잠재력, 그리고 과거의 과오와 미래의 가능성을 분석하는 것이 바로 종합적인 천문해석 기술입니다. 이것이 바로 천문해석가들의 시간과 노력 그리고 지식이 필요한 부분입니다. 차트를 계산하는 것 자체는 특정 수학 공식만 적용하면 상대적으로 간단하게 끝나는 일입니다.(최근에는 태어난 날짜, 시간, 장소를 입력하면 간편하게 출생차트를 볼 수 있는 별자리 프로그램이 다양하게 개발되어 있습니다.-역자)

하지만 우리는 결국 이 책에서 주로 다루는 태양별자리 이야기로 돌아갈 수밖에 없습니다. 어떤 면에서는 당신이 쌍둥이자리라고 하는 것은 당신이 뉴욕 출신이라고 말하는 것과 같은 맥락이라고 할 수 있는데 이것이 지나친 일반화는 아니기 때문입니다. 당신의 별자리를 알아내는 일보다 뉴욕 어느 바에서 텍사스 출신을 찾거나 텍사스 어느 식당에서 뉴요커를 찾아내는 일이 더 쉽지 않을까요? 조지 왕조 시대*의 정치가와 시카고 산업

---

* 조지 왕조 시대(Georgian era, 1714~1830) : 조지1세~조지4세가 재위했던 영국의 중기와 후기 르네상스 시대.

시대의 사업가 사이에는 상당한 차이가 있지 않을까요? 당연히 매우 분명한 차이가 있습니다.

당신이 텍사스 출신이며 업무상 회의에 곧 참석할 어떤 사람에 대해 얘기하는 중이라고 가정해 봅시다. 누군가 "그 사람 뉴요커야."라고 말하면 즉각적으로 어떤 이미지가 떠오를 것입니다. 텍사스 사람보다는 말이 빠르고 짧을 것이며, 인간 관계에서도 텍사스 사람보다는 덜 따뜻할 것이고, 인사치레 없이 곧바로 사업 이야기로 들어갈 것입니다. 또한 서둘러 계약서에 서명하고 바로 동부로 날아가는 비행기에 몸을 실을지도 모릅니다. 섬세한 구석이 있을 것이고, 정치적인 면에서는 텍사스 사람보다 더 자유분방할 것입니다. 그렇다면 왜 이러한 순간적인 인상이 상당히 맞아떨어지는 것일까요? 왜냐하면 뉴욕 사람들은 빠르게 돌아가는 도시에 살고 있기 때문에 느리게 행동했다가는 지하철에서 자리도 못 잡고 비 오는 날 택시도 못 잡기 때문이지요. 어쩌면 계속해서 어깨나 팔꿈치를 문질러 대는 통에 품위 없어 보일 수도 있으며, 최신 연극도 보고 최고의 박물관에도 가봤을 테니 당연히 취향이 세련될 것입니다. 높은 범죄율과 복잡한 도시 생활로 인해 텍사스 사람만큼 가까운 이웃들에게 따뜻한 관심을 가질 리가 없으니 그의 성격이 다소 냉랭할 거라고 추측할 수 있습니다.

물론 뉴요커 중에 느리게 말하는 황소자리도 있고 천천히 움직이는 염소자리도 있겠지만, 텍사스에 사는 황소자리나 염소자리처럼 느리지는 않을 것입니다. 그렇지 않을까요? 또는 아무리 빨리 말하고 행동하는 쌍둥이자리라 할지라도 텍사스에 사는 쌍둥이자리가 뉴욕에 사는 쌍둥이자리만큼 빠르지는 않을 것입니다. 모든 것이 상대적이랍니다.

자, 그럼 그 사람이 뉴욕에 산다고 칩시다. 그리고 이제 이탈리아 출신이라는 사실도 알아냈다고 가정해 봅시다. 다른 이미지가 그려집니다. 여기에 그가 텔레비전 방송작가라고 한다면 또다른 이미지가 떠오릅니다. 게다가 결혼했고 자녀가 여섯 명이라고 하면 이젠 완전히 새로운 그림이 나타납니다. 그러므로 (비록 이것이 유추이고 모든 유추가 불완전하기는 하지만) 그가 뉴요커라고 말하는 것은 그가 쌍둥이자리라고 말하는 것과 유사하고, 다른 정보들은 그의 달별자리가 처녀자리이고 동쪽별자리가 전갈자리라는 것과 상응합니다. 하지만 추가 정보 없이 그가 뉴욕에 산다는 사실 하나만으로도, 그가 어느 도시 출신인지 모를 때보다는 훨씬 나은 상황에 있는 것이지요. 같은 방식으로 출생차트 없이 어떤 사람이 쌍둥이자리인지 사자자리인지 아는 것만으로도 불같은 성격의 사수자리를 대하고 있는지 현실적인 황소자리를 대하고 있는지 전혀 모를 때보다는 그 사람에 대해 많은 정보를 갖고 있는 셈입니다.

상세한 출생차트는 사람의 성격에 대해 보다 자세한 내용을 명확하게 드러내 줍니다. 출생차트를 보면 그의 삶 속에 녹아 있는 약물 중독, 자유분방한 성행위, 불감증, 동성애, 일부다처제, 정서장애, 가족으로부터의 소외, 또는 가족에 대한 집착, 숨겨진 재능, 경력 또는 부자가 될 수 있는 잠재성 등에 대해 두드러진 경향을 알 수 있습니다. 또한 정직과 부정직, 잔인함, 폭력, 두려움, 공포와 정신적 능력에 대한 경향도 분명하게 보여 줍니다. 이와 더불어 인생의 시기에 따라 일시적으로 두드러지는 성향도 잘 보여 줍니다. 뿐만 아니라 사고나 질병에 대한 민감함이나 면역력도 나타나고, 알코올, 섹스,

일, 종교, 자녀, 로맨스 등에 대한 숨겨진 태도 또한 드러나는 등 그 리스트는 무궁무진합니다. 정확하게 계산된 출생차트에 비밀이란 있을 수 없습니다. 개인의 자유의지가 경험하고자 하는 본인의 결정을 제외하고는 말이지요.

그러나 이렇게 완벽하게 분석하지 않더라도 누구나 태양별자리에 대한 이해만으로도 얻는 지식이 있으며, 태양별자리에 대한 지식은 우리가 서로에게 보다 더 관대할 수 있도록 해 줍니다. 상대방의 태도가 인간의 본성에 얼마나 깊이 뿌리 내리고 있는지 이해하고 나면, 당신은 그들의 행동에 대해 보다 더 동정심을 느끼게 됩니다. 태양별자리를 알고 나면, 냉정하고 균형 잡힌 전갈자리 부모가 보기에 불안하고 안절부절못하는 쌍둥이자리 아이가 실제로는 민첩하고 영리한 아이라는 사실을 깨닫고 인내심을 갖게 됩니다. 외향적인 학생은 내성적인 교사를 이해하게 되며 외향적인 교사는 내성적인 학생을 이해하게 됩니다. 처녀자리가 모든 머리카락을 한 올 한 올 가지런히 정리해야 하고 문제들을 철저히 조사하며 해결하기 위해 태어났다는 점을 이해하면 그들의 까다로움도 참을 수 있게 됩니다. 너무 바빠서 감사할 이유를 찾지 못하고 어디로 가고 있는지 알아채지 못하며 남의 발을 밟고 서 있어도 알아차리지 못하는 사수자리의 경솔함은 말할 것도 없습니다. 사수자리가 어떤 희생을 치르더라도 진실을 말할 수밖에 없는 사람이라는 사실을 알게 되면 그들의 솔직함에 상처를 덜 받게 됩니다.

염소자리 친구가 당신이 건넨 선물에 일언반구의 감탄사도 내뱉지 않아도 당신은 심하게 상처받지 않을 것입니다. 염소자리는 마음속으로 깊이 고마워해도 그 기쁨을 공개적으로 표현할 줄 모르는 사람들이라는 것을 알고 있으니까요. 염소자리가 타인에게뿐 아니라 스스로에게도 엄격한 원칙을 들이대는 사람들이라는 것을 알면, 의무를 강조하는 그들의 고집 때문에 덜 속상해하게 됩니다. 천칭자리의 끝없는 논쟁과 우유부단함도 단지 공정하고 공평한 결정을 내리기 위해 애쓰는 그들 태양별자리의 특징이라는 것을 알고 나면 보다 더 참을 만합니다. 물병자리가 당신의 사생활을 캐려고 할 때도 그들이 인간의 내적 동기를 조사해 보고 싶은 충동을 주체

할 수 없는 사람이라는 점을 떠올려 보면 그다지 무례하다는 생각은 들지 않을 것입니다.

아주 간혹, 태양별자리는 사자자리인데 행성 대여섯 개가 물고기자리인 사람도 있습니다. 물고기자리의 영향으로 인해 사자자리 특성이 매우 억제되므로 도무지 그의 태양별자리를 추측하기 어려울 수도 있습니다. 하지만 이런 경우는 아주 드물며, 당신이 열두 개 별자리 특성을 모두 잘 알고 있다면 그 사람은 자신의 진정한 본성을 영원히 감출 수 없을 것입니다. 물고기가 아무리 사자를 숨기려고 해도 사자자리 태양별자리는 절대로 완전하게 가려질 수 없으며, 당신은 그 사람이 부지불식간에 드러내는 사자자리 특성을 잡아 낼 수 있을 것입니다.

태양별자리를 파악하려고 할 때 표면만을 대충 보고 판단하는 실수를 절대로 범해서는 안 됩니다. 염소자리라고 해서 모두 온순한 것은 아니고, 사자자리라고 해서 모두 외견상으로 타인을 지배하려고 하지도 않을 뿐더러 처녀자리라고 해서 모두 처녀는 아닙니다. 가끔 예금 통장을 여러 개 가지고 있는 양자리도 있고, 조용한 쌍둥이자리도 있으며, 심지어 실용적인 물고기자리도 있습니다. 당신의 눈을 사로잡는 한두 가지 특징 그 이상을 보아야 합니다. 화려하게 치장한 염소자리가 사교계 명사들의 인명록을 힐끔거리는 순간을 포착해야 하고, 수줍은 사자자리가 자신의 허영심이 무시당했을 때입을 삐죽거리는 모습도 볼 수 있어야 합니다. 드물게는 경박한 처녀자리가 단지 싸다는 이유만으로 살충제를 한 상자나 사는 장면도 목격하게 될 것입니다. 조용한 쌍둥이자리여서 말은 빠르지 않을 수 있지만 머리는 제트기 같은 속도로 회전하고 있을 수도 있고, 예외적으로 검소한 양자리라도 은행에 갈 때는 선홍색 코트를 입고 불친절한 은행원에게 말대꾸를 할 수도 있습니다. 그리고 아무리 실용적인 물고기자리라도 시를 쓰거나 추수감사절 때마다 여섯 명의 고아를 초대하기도 할 것입니다. 눈을 크게 뜨고 잘 보면 어떤 별자리도 자신을 온전히 감출 수 없습니다. 심지어 애완동물도 태양별자리의 특징을 여과 없이 보여 준답니다. 처녀자리 고양이의 밥그릇을 낯선 곳에 옮겨 놓거나 사자자리 강아지를 무시하는 일이 없기를 바랍니다.

　　유명 인사나 정치인, 문학 작품 속의 주인공들을 대

상으로 별자리를 맞혀 보는 것도 재미있습니다. 그들의 별자리가 무엇인지 추측해 보거나 그들이 어떤 별자리 특징을 대변하고 있는지 짐작해 보세요. 이런 작업을 통해 당신의 천문해석학적인 재치는 더욱 예리해질 것입니다. 만화책의 주인공들도 시도해 볼 만한 대상들입니다. 찰리 브라운은 분명히 천칭자리일 것이며, 루시의 경우에는 동쪽별자리는 양자리이고 달별자리는 처녀자리에 태양별자리가 사수자리일 확률이 높습니다. 스누피는 누가 봐도 물병자리 개입니다. 희한한 스카프를 두르는가 하면 제1차 세계대전 당시의 비행기 조종사 헬멧을 쓰고 개집 위에서 붉은 남작*에 대한 상상의 나래를 펼치고 있는 걸 보면 틀림없습니다.(또한 해왕성과 충돌 각도를 맺고 있을 것입니다.) 이런 식으로 직접 누군가의 별자리를 생각해 보면 그 재미가 제법 쏠쏠합니다. 하지만 이보다 더 중요한 것은 태양별자리 맞히기 게임을 할 때 매우 진지하고도 유용한 것을 배우게 된다는 점입니다. 사람

---

* 붉은 남작(Red Baron): 제1차 세계대전 당시 전투기 80여 대를 격추한 독일 공군의 에이스 리히트호펜(Richthofen, 1892~1918)의 닉네임이다.

들의 숨겨진 꿈과 비밀스러운 소망과 참된 성격을 어떻게 인식할 것이며, 그들을 좋아하는 법과 그들이 당신을 좋아하게 만드는 법 그리고 당신이 알고 있는 그들을 제대로 이해하는 법을 터득하게 될 것입니다. 당신이 그들 마음속에 숨어 있는 무지개를 찾아 나설 때, 세상이 더 행복해지고 사람들이 더 멋져 보이게 됩니다.

인생에서 가장 중요한 부분은 타인을 제대로 이해하는 것 아닐까요? 링컨 대통령이 이런 점에 대해 아주 간단하고 명백하게 말한 적이 있습니다.

"문명의 가장 중요한 기능은 서로 익숙하지 않은 사람들 사이에서 의도하지 않은 적대 관계로 인해 발생하는 크고 작은 인간의 사악함을, 국가적으로 또는 개인적으로 바로잡는 것이다."

지금 당장 태양별자리 공부를 시작하고 터득한 내용을 신중하게 적용해 보세요. 당신이 사람들 본연의 모습을 하나씩 벗겨 낼 때마다 사람들은 당신에게 어떻게 그런 새로운 통찰력이 생겼는지 궁금해할 것입니다. 실제로 열두 개 태양별자리를 이해하는 것만으로도 당신의 삶을 바꿀 수 있습니다. 당신은 지금 단 한 번도 마주친 적이 없는 미지의 사람들을 이해하기 위한 여정을 시작하려고 합니다. 하지만 머지않아 당신은 친구들은 물론이고 낯선 이들도 더 가깝게 느끼게 될 것입니다. 정말로 멋진 일 아닌가요?

당신을 알게 되어 행복합니다.

린다 굿맨

황소자리

Taurus, the Bull

4월 21일부터 5월 21일까지

지배행성 – 금성

"난 일이 있는 날이건 없는 날이건
며칠이고 여기에 앉아 있을 거야."

황소자리를 알아보는 방법

ℶ

"감각을 잘 관리하렴.
그러면 소리들은 알아서 잘 지낼 테니."

세계 일주를 두 번이나 한 여행광 친구는 저에게 재미있는 이야기를 들려주곤 했습니다. 한 번은 증기선을 타고 스페인 남부에 처음 갔던 이야기를 해 주었지요. 친구는 갑판 위에서 경치를 감상하고 있었는데, 투명하고 새파란 지중해 물결 저 너머로 거대한 바위가 나타났습니다. "저기 좀 봐요! 지브롤터 바위예요!" 그 친구는 감격스러워하면서, 고향 친구들에게 보여 줄 사진을 찍고는 옆에 있던 십대 소녀에게로 고개를 돌렸습니다. 소녀는 지루한 표정을 하고 있었고 제 친구는 한없이 들떠 있었지요. "정말 멋지지 않니? 수천 년 동안 거센 파도와 폭풍우가 몰아치고 사람들이 숱하게 드나들었지만, 저 바위는 변함없이 그대로 있잖아. 마치 세상 그 어떤 것도 자기를 바꿔 놓거나 움직일 수 없다는 듯이 말이야." 그랬더니 소녀가 이렇게 대꾸하더랍니다. "네, 저희 집 노친네가 생각나네요."

그 소녀의 아버지는 5월에 태어난 분이었습니다. 제 친구가 지브롤터 바위에 바친 감동의 대사는 바로 황소자리의 특징을 그대로 표현해 주었던 것입니다. 황소자리에게 가장 어울리는 장소는 농장, 은행, 부동산 중개소 같은 곳이지만 이 외에도 엔지니어, 영화배우, 점원, 정원사, 정육점 주인, 제빵사 등등 다른 직업을 가지는 경우도 많이 있습니다. 황소자리는 강하면서도 조용한 사람입니다. 친해지기 전에는 "네.", "아니오.", "고맙습니다.", "그럼 이만." 같은 말밖에 하지 않을 테고, 종종 아니라는 말 대신에 "으음……."이라고 할 것입니다. 쌍둥이자리나 양자리 또는 사수자리 기운이 강한 경우라면 발랄하고 경쾌하게 걸어다닐 수도 있지만, 전형적인 황소자리는 느리게 움직이고 말을 아끼는 편입니다.

황소자리는 지브롤터 바위처럼 단단하고 한결같으며, 어느 누구도 그들의 고요함을 방해할 수 없을 것처럼 보입니다. 물을 끼얹거나 발가락 사이에 성냥을 끼우고 불을 붙여 보세요. 주먹으로 가슴을 때려 보고 성난 눈으로 째려보고 또 소리도 질러 보세요. 황소자리는 꿈쩍도 하지 않는답니다. 한번 마음을 먹으면 황소자리는 조용히 팔짱을 끼고 두 다리로 버티고 서서는 자기의 입장을 고수합니다. 그리고 약간 튀어나온 턱을 들고는 코를 벌름거리며 귀를 뒤로 젖히면 남들이 더 이상 어떻게 할 수 없죠.

황소자리는 여기저기 휘젓고 다니는 일이 별로 없습니다. 그저 자기를 가만히 내버려 두기를 바랄 뿐이에요. 누가 건드리지만 않으면 대체로 평온한 표정을 짓고 있습니다. 하지만 떠밀려고 하면 완고하게 버팁니다. 혹 황소자리를 지나치게 밀어붙이거나 괴롭히면 그들의 무시무시한 분노를 각오해야 합니다. 황소자리는 완벽하게 균형을 잡고 스스로를 잘 제어합니다. 주변의 소음을 무시하고 꽃향기만 맡으면서 몇 년이든 지낼 수 있습니다. 그러다가 예기치 못한 어느 날 훼방꾼이 와서 그의 넓은 등 위에, 이미 넘칠 듯이 쌓여 있던 짚더미 위에 지푸라기 하나를 더 올려놓습니다. 그러면 갑자기 코에서 뜨거운 김을 내뿜고 발을 구르고 미간을 찌푸리면서 돌진합니다. 그럴 때 목숨을 부지하려면 재빨리 줄행랑치는 것이 좋습니다. 황소자리는 충동적으로 화를 내는 일이 거의 없지만, 한번 화가 나면 눈앞에 있는 모든 것을, 심지어 전갈자리라도 무찌를 수 있답니다. '무찌르다'라는 말보다는 '초토화하다'가 더 어울리는 표현이겠네요. 이후 먼지가 가라앉고 다시 평화가 찾아오려면 시간이 좀 걸립니다. 개중에는 자제력이 특히 뛰어나서 평생 동안 심하게 화내는 일이 한두 번밖에 없는 황소자리도 있습니다. 성격이 급한 편이어서 '자주' 화내는 황소자리더라도 1년에 한두 번 정도입니다. 아무튼 황소자리가 한번 화를 내면 약간 짜증내는 정도가 아니라는 점만 기억하시면 됩니다. 황소자리의 차분한 감정이 흔들릴 정도로 심각한 상황이라면, 소위 물불을 가리지 않는 분노가 터져 나올 것입니다.

황소자리 남편을 둔 어떤 여성은 결혼 생활 내내 남편이 화내는 것을 한 번도 본 적이 없었습니다. 하루는 그 부부가 사람들로 붐비는 고급 나이트클럽에 갔답니다. 그런데 어떤 취한 남자가 비틀거리더니 부부가 앉아 있는 테이블 쪽으로 쓰러졌어요. 그만 남편의 옷에 잘 지워지지 않는 와인이 튀어 버렸지요. 아내는 남편이 예의 그 침착한 태도로 대처하리라 예상했건만, 주변에 있던 다른 사람들과 더불어 충격적인 장면을 보고야 말았습니다. 남편이 벌떡 일어나서는 테이블 두 개를 밀어제치고 그 만취한 남자를 번쩍 들어올려 내동댕이쳐서는 클럽 무대를 거의 박살냈기 때문입니다. 한 마디 말도 없었습니다. 어때요? 이 정도면 황소자리에 대해 충분한 경고가 되었으리라 생각합니다. 낯선 여인에게 윙크하기 전에 그녀와 함께 있는 남자의 생일이 언제인지 미리 확인하는 것이 좋겠죠?

황소자리 사람들은 황소처럼 생겼습니다. 여성에게도, 뭐라고 설명하기 어려운 황소의 특징이 있습니다. 황소자리 여성의 눈을 보면 고요하면서도 맑고 침착합니다. 우아하고 느리게 행동하지만 뭔가 숨겨진 힘이 느껴집니다. 남성의 경우에는 주로 목이 짧고 굵은 편이며, 어깨나 가슴 또는 등이 넓고 튼튼해 보입니다. 키가 크건 작건 전체적으로 몸의 균형이 잘 잡혀 있습니다. 귀는 작은 편이고 머리 쪽에 가깝게 붙어 있습니다. 음식을 먹을 때는 천천히 씹어 넘기고 대부분 소화력이 대단합니다. 머리숱이 적거나 (소의 앞 머리 털을 닮아서) 곱슬머리가 이마 한가운데로 늘어뜨려져 있는 경우도 볼 수 있습니다. 전부가 그렇지는 않지만 황소자리는 곱슬머리가 많습니다. 머리카락 색은 어두운 편이며 눈동자도 피부색도 마찬가지입니다. 가끔 눈동자 색이 밝고 피부가 흰 황소자리도 있습니다만, 그렇다고 그들의 생김새처럼 정신이나 성격이 유약하다는 의미는 전혀 아닙니다.

물론 모든 황소자리가 우유 광고에 나오는 소처럼 생겼을 거라 생각하면 안 되지요. 하지만 근육질에서부터 통통한 몸매까지, 풍채가 크고 넉넉한 사람들이 많습니다. 그런데 이와는 달리 마른 몸매를 가진 황소자리를 구분하는 방법도 알아 둘 필요가 있어요. 텔레비전 쇼에 나왔던 황소자리 프레드 애스테어*, 빙 크로즈비**, 또는 게리 쿠퍼***는 어떨까요? 깜박 속을지 모르지만, 프레드 애스테어는 물고기자리처럼 가벼운 걸음걸이와 쌍둥이자리처럼 쾌활한 모습에도 불구하고 황소자리입니다. 아무리 다른 행성들의 영향을 받고 있더라도 황소자리라는 사실은 바꿀 수가 없습니다. 프레드 애스테어의 친구들에게 한번 물어본다면 알게 될 거예요. 춤을 출 때는 그토록 가벼운 발놀림을 보여 주는 프레드지만, 본인이 싫어하는 장소에 데리고 가거나 내키지 않는 일을 하게 만드는 것이 얼마나 어려운지 말이에요. 빙 크로즈비도 냉정하고 차분하면서도 느긋한 태도로 유명합니다. 키가 크고 흐느적거리며 걷는 카우보이의 대명사 게리 쿠퍼는 또 어떻습니까? 게리 쿠퍼의 묵직한 발은 마치 땅에 뿌리를 내리고 자라는 것처럼 보입니다.

* 프레드 애스테어(Fred Astaire, 1899~1977)：미국의 댄서이자 영화배우로서 탭댄싱으로 유명함.
** 빙 크로즈비(Bing Crosby, 1903~1977)：미국의 가수이자 영화배우.
*** 게리 쿠퍼(Gary Cooper, 1901~1961)：미국 영화배우로 조용하면서도 강한 캐릭터로 유명함.

텔레비전 속에서는 노릿느릿 신중하게 움직이고, 영화에서 그가 완벽한 문장을 구사하는 대사는 열 마디도 채 되지 않습니다. 스타에게 맞춰서 시나리오를 짜는 할리우드 시스템 덕분에 게리 쿠퍼는 항상 완벽한 게리 쿠퍼를 연기했습니다. 이것도 연기라고 할 수 있을지는 모르겠네요. 게리 쿠퍼의 영화에서 여배우가 눈물을 흘리며 로맨틱하게 "당신을 미치도록 사랑해요. 당신 없이는 살 수 없어요. 당신은 나의 전부예요. 나를 좋아한다고 말해 주세요. 당신도 똑같이 느끼고 있다고. 나를 사랑하나요? 네?"라고 이야기합니다. 사랑에 목마른 그 가엾은 여배우에게 돌아오는 말은 딱 한 마디입니다. "그렇소." 이상하게도 그 짧은 한 마디가 위안을 주지요.

황소자리가 이성에게 관심이 많기는 하지만 대놓고 쫓아다니지는 않습니다. 사람들이 자기에게 다가오는 것을 더 좋아합니다. 한가로운 초원에서 사람들을 쫓아다니느라 힘을 낭비할 이유는 없지요. 시골 농장에 가서 소를 잘 관찰해 보면 황소자리가 어떤 마음으로 사랑과 우정에 임하는지 명확하게 알 수 있을 것입니다. 가장 큰 특징은 수동적인 태도입니다. 황소자리는 번거롭게 다른 사람의 집을 방문하기보다는 자기 집에 사람들을 초대하여 즐기는 것을 좋아합니다. 사람들의 사랑을 받기 위해 특별히 애쓰지도 않습니다. 당신이 황소자리를 만나고 싶다면 먼저 전화를 걸면 됩니다. 황소자리는 늘 거기에 있으니까요. 우정이든 사랑이든 표현하세요. 관심이 있으면 받아들일 것입니다. 황소자리는 이럴 때 어떻게 반응해야 하는지 잘 알고 있답니다. 사교성이 좋은 어떤 다른 별자리들보다도요.

황소자리는 손톱을 물어뜯으며 조바심 내는 경우가 거의 없습니다. 일이 뜻대로 진행되지 않으면 입을 삐쭉 내밀고 생각에 잠기기는 하지만, 발을 동동거리며 초조해하는 타입은 아니랍니다. 절제하고 수용하는 것이 황소자리의 기질이며, 이런 기본적인 성향은 좀처럼 바뀌지 않습니다.

황소자리 중에 직업이 변호사이자 공인회계사여서 특히 납세철이 오면 수입이 꽤 짭짤해지는 친구가 있습니다. 그 친구는 황소자리답지 않게 손톱을 좀 심하게 물어뜯는 편입니다. 또 말을 제법 빨리 하는 저보다도 말이 빠르고, 이마에 걱정 주름도 두 개쯤 있습니다. 그의 출생차트를 보면, 현란한 스피드를 자랑하는 쌍둥이자리의 영향이 크게 나타납니다. 하지만 이면을 잘 살펴보면 여전히 황소자리의 특징을 발견할 수 있습니다. 머리 회전은 번개처럼 빠르지만 결정은 신중하게 내립니다. 행동은 예측 가능하며 고집이 셉니다. 어느 저녁, 집에 있고 싶어 하는 그를 설득해서 옷을 차려입고 대문을 나서게 하려면 얼마나 힘이 드는지 그 친구의 아내에게 물어보아도 좋습니다. 서둘러 계약을 마무리지으려고 하는 그의 고객에게 물어볼 수도 있겠네요. 책 한 권 분량의 긴 설명은 참을성 있게 기꺼이 들어 주지만, 스스로 판단을 내리기 전까지는 계약서에 서명하지 않습니다. 네. 쌍둥이자리의 재치와 날렵함도 무색하게 만드는 바로 그 황소자리랍니다. 황소자리에게서 변덕은 찾아볼 수 없습니다. '천천히 서두르는' 사람들이지요. 이건 결코 논리적으로 틀린 말이 아니랍니다.

황소자리는 집에 있는 것을 좋아합니다. 익숙하고 편안한 공간에서 다리 뻗고 시간 보내는 것을 싫어하는 황소자리는 거의 없습니다. 변화는 황소자리를 혼란스럽게 만듭니다.(달별자리나 동쪽별자리가 쌍둥이자리, 사수자리, 또는 물병자리인 경우에는 다릅니다.) 황소자리는 두 부류가 있습니다. 집을 소유한 자, 그리고 집을 꿈꾸는 자. 땅과 친한 황소자리는 어떤 식으로든 땅에 대한 애착을 드러냅니다. 어쩔 수 없이 북적거리는 아파트에 살더라도 흙내음 나는 화분을 잔뜩 들여놓을 것입니다. 도시의 소음이 너무 심하면 낚싯대를 챙겨서 조용한 시골로 떠납니다. 세상이 너무 빠른 속도로 돌아가면 황소자리는 잠시 세상 밖으로 나와서 속도가 늦춰질 때까지 기다립니다. 낚싯대나 화분이 없다면 부동산에 투자하고 있을지도 모릅니다. 부동산 중개를 하면 가끔 교외로 나갈 기회를 얻을 수도 있겠죠. 황소자리는 직·간접적으로 땅과 관련을 맺게 됩니다. 경마공원 근처를 배회한다거나, 일요일에는 공원으로 산책을 나간다거나, 좋은 경치를 보면서 자연을 안주 삼아 술을 한 잔 할 수도 있겠죠.

황소자리는 대개 매우 건강한 체질입니다. 몸져눕는 일이 드물지만 한번 병이 나면 의사 말을 듣지 않고 고집을 부리기 때문에 회복이 더딘 편입니다. 사고나 병에 민감한 신체 부위는 기관지, 목, 다리, 발목, 생식기관, 등, 척추입니다. 감기에 걸리면 주로 목감기로 옮겨

가고, 음식에 대한 유별난 사랑 때문에 비만이 될 확률도 높습니다. 비만은 심장에 부담을 주고 혈액순환에 문제를 일으키며, 발목이 약해지고 정맥 질환이나 다른 만성 질환을 야기하기도 합니다. 통풍이 올 수도 있습니다. 하지만 비만, 무기력증, 신장염만 피할 수 있다면 다른 사람들보다 훨씬 더 건강하게 살 수 있답니다. 다시 말해, 황소자리가 지나치게 많이 먹고 마시고 게으름 피우면 타고난 체력과 건강을 잃게 될 거라는 얘기예요. 황소자리가 병이 나는 주된 원인은 뭐니 뭐니 해도 신선한 공기와 운동이 부족하기 때문입니다. 고집이 세서 이 사실을 부정할지 모르겠지만 황소자리의 몸은 이런 것들을 필요로 합니다.

고집 얘기가 나와서 말인데, 황소자리에게 고집 세다고 뭐라 하는 것은 의미가 없습니다. 본인이 생각하기에는 전혀 고집스럽지 않으니까요. 이들은 그것을 인내심이라고 부릅니다. 어디까지나 해석의 차이죠. 스스로는 융통성이 없다기보다는 합리적이고 단호하다고 생각합니다. 그러니 황소자리 입장에서는 사람들이 자기를 그렇게 평가하는 것이 부당하게 느껴지겠죠.

실제로 황소자리는 바위가 아닌가 싶을 정도로 고집이 센 사람들입니다. 황소자리는 남녀 모두 자기의 입장과 견해에만 매달리는 사람으로 보일 때도 있습니다. 황소자리 남편은 아내의 친구 집에 편안한 의자가 없으면 가지 않습니다. 아내가 아무리 졸라도 꿈쩍도 하지 않지요. 남편만 그럴까요? 황소자리 아내는 남편 친구가 자기 마음에 들지 않으면 말도 걸지 않습니다. 자기가 인내심의 제왕이라는 황소자리의 주장에는 딴죽을 걸 수가 없죠. 황소자리는 대부분 감정적·육체적 짐을 불평한 마디 하지 않고 몇 년이고 참아 냅니다. 문제가 쌓이면 쌓일수록 황소자리의 힘은 더 커져 갑니다. 가정이나 친구에 대한 황소자리의 충성심과 헌신은 모든 이해를 초월합니다. 다른 별자리라면 벌써 쓰러지고 말았을 가혹한 운명 속에서도 꺾이지 않는 황소자리의 의지는 정말이지 올림픽 금메달감입니다. 네, 황소자리의 불굴의 의지에 대해서는 상을 드릴게요. 하지만 여전히 고집쟁이임에는 변함이 없습니다. 괜히 '황소고집'이라는 말이 나왔을까요?

황소자리의 식욕은 정말 대단합니다. 초콜릿 크림

케이크에 고추 튀김과 피클을 곁들여 먹어도 소화에는 전혀 지장이 없습니다. 소고기 스테이크도 좋아하고, 보통 음식을 남기지 않고 싹싹 닦아 먹습니다. 여기에 한 잔의 술을 곁들인다면, 늘 행복하게 왕실 만찬을 즐기던 헨리 8세도 부럽지 않습니다.(동쪽별자리가 처녀자리인 경우에는 몸에 좋은 생 당근이나 양배추를 토마토 주스와 함께 먹기도 합니다.)

황소자리의 유머 감각은 몸 개그 쪽으로 발달했습니다. 섬세한 풍자극에는 잘 감화되지 않지만 바나나 껍질을 밟고 미끄러지는 장면이나 얼굴에 케이크 크림을 뒤집어쓰는 장면을 보면 배꼽을 잡고 웃습니다. 황소자리의 유머 감각은 따뜻하고 소박하며 장난기가 많아서 셰익스피어 희곡에 등장하는 뚱뚱보 팔스타프를 연상시킵니다. 무자비하고 복수심 많은 황소자리는 거의 없지요. 특이하게도 그런 사람은 출생차트에 양자리 행성이 많이 있습니다. 황소자리와 양자리가 한 출생차트에 있으면 조화를 잘 이루지 못하나 봐요. 대표적인 예가 히틀러입니다.

자, 그럼 이제 돈 얘기로 넘어가 볼까요? 황소자리

와 돈은 따로 떼어 생각할 수 없습니다. 모든 황소자리
가 다 백만장자는 아니지만 무료 급식소에서 줄을 서고
있는 황소자리가 있다면 해외 토픽 감입니다. 황소자리
는 느리고 확실하게 자기의 왕국을 쌓아 가고 싶어 합니
다. 탄탄한 기반 위에서 일을 시작하며 한 번에 한 가지
씩 사업을 확장해서 결국 안정적인 회사와 넉넉한 재산
을 일구어 냅니다. 황소자리가 재력을 추구하는 이유는
특이하게도 돈을 소유하는 데서 오는 감각적인 즐거움
때문입니다. 황소자리에게 돈이란 것은 알고 보면 부차
적인 경우가 많습니다. 돈과 함께 권력을 소유하고 있다
는 사실이 황소자리가 필요로 하는 안정에 대한 욕구를
만족시켜 주는 듯합니다.

황소자리는 모든 일들을 직접 처리할 필요도 없습
니다. 그런 건 염소자리나 게자리가 할 일이지요. 황소
자리는 그저 잠이나 자고 꽃향기나 맡으며 예쁜 아가씨
들을 구경하고 있으면 됩니다. 그 목장을 누가 소유하고
있는지 사람들이 알고 있기만 하면 되지요. 조만간 황소
자리에게 돈이 굴러들어올 것이고 한번 들어온 돈은 딱
달라붙어서 좀처럼 새나가지 않습니다. 돈과 소유물을

마치 가족처럼 소중히 여기기는 하지만 그렇다고 인색하지는 않습니다. 황소자리의 너그러운 마음과 관대한 지갑은 어려움에 처한 친한 친구들을 향해 활짝 열려 있답니다.

황소자리는 뭐든지 큰 것을 좋아합니다. 빌딩이 크면 클수록 더 근사해 보이고, 동물원에 가도 덩치 크고 힘센 코끼리를 보기 위해 작은 원숭이 우리는 그냥 지나치기 일쑤입니다. 황소자리는 덩치 큰 동물들에게는 용감하게 다가가지만, 의외로 쥐처럼 조그마한 동물들을 무서워합니다. 우리를 뛰쳐나온 호랑이를 보아도 눈 하나 깜짝하지 않지만 작은 말벌을 보면 기겁해서는 근처에 있는 나무 위로 후다닥 올라간답니다.

훌륭한 미술 작품과 웅장한 교향곡은 황소자리에게 깊은 감동을 줍니다. 황소자리의 미술과 음악에 대한 사랑은 여러 면에서 나타납니다. 오래된 오페라 음반을 소장하고 있거나, 고흐의 작품이 프린트 된 셔츠를 입고 조깅을 하는 식이죠. 황소자리는 목소리가 아름다운 경우가 많습니다. 그 중에는 직업적으로 노래를 하는 사람도 있고, 단지 욕실에서 향긋한 입욕제 냄새에 취해 미래에 대한 달콤한 꿈을 꾸면서 노래를 흥얼거리는 사람도 있습니다. 어떤 방식으로든 이들의 삶에는 음악이 관련되어 있으며 직업이나 취미 생활로 그림을 그리는 경우도 많습니다.

이 감각적인 사람들은 파란 하늘을 보면 마음이 진정됩니다. 푸른빛은 황소자리를 편안하게 해 주며, 장밋빛이나 분홍색도 어느 정도 진정 효과가 있습니다. 하지만 붉은색은 투우장에서나 쓰는 것이 좋습니다. 자연을 닮은 녹색이나 갈색 계열도 황소자리를 차분하게 달래 주는 색깔입니다. 황소자리에게는 녹색 지폐와 갈색 벽돌집만 있으면 더 이상 바랄 것이 없습니다.

황소자리의 생각은 늘 실용적입니다. 신의 자비로운 가호 아래 재산을 증식시켜 가고 또 여러 행운이 더해지면서 황소자리의 실용적인 생각은 보다 더 명확하게 검증됩니다. 황소자리는 사랑을 지속하는 능력도 부를 축적하는 능력도 모두 훌륭합니다. 황소자리의 금속인 구리는 전기와 열을 잘 전달하는 전도체로서, 세월이 흐를수록 더 아름다운 광택을 냅니다. 일등을 차지하려고 다투는 일은 나서기 좋아하는 사람들의 몫으로 남겨 두세요. 유지하는 성질을 지닌 황소자리는 안정을 찾으려고 굳이 불타는 횃불을 들고 길을 나설 필요가 없습니다. 인내심을 가지고 기다리면 결국 성공의 기회가 찾아오고, 황소자리는 그 기회를 잡을 준비가 되어 있을 것입니다. 황소자리는 지배행성인 금성의 영향을 받아서 고급스러운 물건을 매우 좋아하기 때문에, 평생 동안 간직할 만한 좋은 물건이나 보석에 과감하게 돈을 씁니다. 하지만 낭비나 사치와는 거리가 먼 사람들입니다. 황소자리의 집은 성채와 같아서 아무도 그의 평화를 방해할 수 없답니다. 황소자리는 바위 같은 인내심과, 골짜기처럼 깊은 내면과, 거대한 산도 움직일 수 있는 믿음직한 힘을 지니고 있습니다.

황소자리로 알려진 유명인

듀크 엘링턴Duke Ellington   버트런드 러셀Bertrand Russell

살바도르 달리Salvador Dali   아돌프 히틀러Adolf Hitler

오드리 헵번Audrey Hepburn   오선 웰스Orson Welles

프레드 애스테어Fred Astaire   헨리 폰다Henry Fonda

엘라 피츠제럴드Ella Fitzgerald 엘리자베스 2세Queen Elizabeth II

바브라 스트라이샌드Barbra Streisand

요하네스 브람스Johannes Brahms

윌리엄 셰익스피어William Shakespeare

지그문트 프로이트Sigmund Freud

*데이비드 베컴David Beckham

*러네이 젤위거Renee Zellweger

*블라디미르 레닌Vladimir Lenin

*알 파치노Al Pacino

*우마 서먼Uma Thurman   *잭 니컬슨Jack Nicholson

*조지 클루니George Clooney   *토니 블레어Tony Blair

*다니엘 데이 루이스Daniel Day Lewis

*피어스 브로스넌Pierce Brosnan

*김희애   *문근영

*설경구   *이효리

*임권택   *최강희

*최경주   *최민식

황소자리 남성

♉

"아이, 난 지붕 꼭대기에서 떨어져도 아무 말도 하지 않을 거야!"

"하지만 너무 가까이 오지 않는 게 좋을 거야.
난 흥분하면 눈에 보이는 걸 모두 후려치거든."

전형적인 황소자리 남성이라고 하면 과묵하고, 현실적이며, 분별력 있고, 마치 오래된 신발처럼 견실한 이미지가 떠오릅니다. 실제로 그렇습니다. 또 좀 더 관찰해 보면 그가 느리고 신중하게 움직인다는 것도 알 수 있습니다. 그것도 사실입니다. 이 이미지들을 종합해 보면 황소자리 남성은 별로 낭만적이지 않은 사람일 것 같습니다. 이것도 사실일까요?

황소자리 남성의 성격을 논리적인 추론으로 분석할 수 있다는 생각은 어디에서 나온 건가요? 혹시 당신의 관심을 끌고 싶어 하는 천칭자리 친구가 그러던가요? 아쉽게도 그 친구가 틀렸습니다. 황소처럼 강인한 이 남성에 대한 수수께끼를 푸는 데에, 논리는 별로 도움이 안 됩니다. 그는 사랑과 평화의 행성인 금성의 지배를 받고 있지요. 똑똑한 천칭자리 친구는 도서관에나 가라고 하세요.

황소자리 남성은 자기가 당신을 진정 원하는지 스스로의 마음을 확인하기까지 시간이 좀 걸립니다. 사랑이라는 호수에 서둘러 뛰어들었는데 알고 보니 바싹 말라 있어서 호수 바닥에 곤두박질치는 일을 벌이지 않습니다. 그러나 일단 당신이 운명의 여인이라는 결론에 도달하여 행동을 개시하기로 마음먹고 나면, 천칭자리 남성 정도는 아주 우습게 만들어 버릴 수 있습니다. 당신에게 흠뻑 빠진 사자자리나 정열의 사나이 전갈자리까지도 두 손 들게 만듭니다. 느릿느릿하면서 의지가 강한 황소자리 남성은 당신에게 날마다 분홍색 장미 한 송이를 보내면서 끝내 그 마음을 받아들이게 만듭니다. 또는 낭만적인 시와 노래를 적어서 매일 아침 당신에게 보낼 수도 있습니다. 다만 수줍음 때문에 이름을 밝히지 않아서 당신을 궁금하게 만들지요. 그는 당신을 자상하게 보호해 주는 연인이 될 것입니다. 감각이 발달한 황소자리 남성은 당신의 매혹적인 향기에 취하고 당신의 부드러운 피부와 윤기 있는 머릿결에 반할 것입니다. 그렇다고 당신 앞에서 미사여구를 읊기보다는 선물 같은 물질적인 방법으로 당신에 대한 마음을 표현할 것입니다.

황소자리는 음(-)의 별자리이고, 유지하는 성향의 흙 별자리에 해당합니다. 그래서 매우 현실적이고 합리적이지만, 사랑에 있어서는 모순으로 가득 차 있습니다. 황소자리 남성은 당신이 화려한 모피 코트와 다채로운 색깔의 옷을 입는 것을 좋아할 것입니다. 그런가 하면 가게에서 당신에게 줄 산뜻한 제비꽃 향수를 사고는 그 가게 주인 할머니가 자기 어머니와 닮았다는 이유로 두둑한 팁을 건네기도 합니다.(하지만 당신을 보면서 자기 누이나 어머니를 떠올리는 경우는 거의 없을 것입니다.) 음악은 황소자리의 마음에 사랑의 감정을 불러일으켜 줍니다. 그가 좋아하는 노래 중에, 들을 때마다 당신이 생각나는 노래도 한 곡쯤은 반드시 있을 것입니다. 그가 술집에서 자주 신청하는 노래가 바로 그 노래일 거예요.

당신이 황소자리 남성의 진실한 마음을 확인할 방법은 또 있습니다. 그는 당신의 생일이면 고급스러운 도자기나 은그릇을 선물할 것입니다. 크리스마스에 현관문을 열어 보면 황소자리 남성은 당신만의 산타클로스가 되어 신비한 선물 상자를 들고 서 있을 것입니다. 당신의 소원 목록을 모두 지우는 날이 멀지 않았답니다. 그는 당신과 함께 하고 싶어 하는 일도 많을 것입니다. 오늘은 달빛 아래에서 수영을 하고, 내일은 시원한 바람이 부는 곳으로 소풍을 가고, 그 다음에는 고요한 숲 속에 한가롭게 앉아 있고, 또 밤에는 별을 보면서 시골길을 걷자고 할 것입니다. 밸런타인데이에는 당신에게 가장 의미 있고 매력적인 남자, 애정을 잘 표현하는 남자가 되고 싶어 합니다. 황소자리 남성이 당신의 마음을 얻으려고 결심하면 그렇게 하고 맙니다. 사랑의 숨바꼭질은 하지 않는답니다. 당신을 은은한 조명과 바이올린 선율이 흐르는 멋진 레스토랑으로 초대하여 함께 식사를 하고, 두 사람이 처음 만났던 날을 비롯하여 다른 기념일들도 절대로 잊지 않을 것입니다. 이 정도의 성의를 보여 주는데 사랑에 빠지지 않을 여인이 있을까요?

황소자리는 절대로 물병자리 같은 몽상가가 아닙니다. 또한 사자자리처럼 당신이 정신없이 푹 빠져들게 만들지도 않으며, 양자리처럼 분홍빛 구름 위에 성을 짓고 천년만년 살게 해 주겠다는 동화 같은 약속을 하지도 않습니다. 황소자리는 어느 날 당신 집에 들러 설계도를 펼쳐 보이며 어떤 식으로 두 사람만을 위한 집을 지을지 설명할 것입니다. 어떤 자재를 사용하고, 어느 정도의 비용을 쓸지도 상세히 알려 줄 것입니다. 그뿐 아니라 약혼식 전에 이미 주택 계약금을 지불했을 것이고, 아니면 적어도 전세금이라도 지불했을 것입니다. 황소자리 남성은 언제나 구체적으로 실행에 옮깁니다. 그가 당신의 손을 꽉 잡고 동화 속 궁전과는 거리가 먼 현실의 집에 당신을 모셔 놓을 때에는, 그 공간이 영원히 두 사람의 재산이라고 확신해도 좋습니다. 또한 황소자리의 따뜻하고 푹신푹신한 침대에 한번 누워 보면, 분홍빛 구름 위에 눕고 싶어 했던 지난날은 까맣게 잊어버릴 것입니다. 윤이 나는 새 가구와 날로 쌓여만 가는 통장 잔

고를 보면서 즐거워하느라, 이루지도 못했을 뜬구름 같은 꿈은 모두 잊어버릴 것입니다. 만약 당신이 눈에 보이는 가치를 선호하는 타입이라면 더욱 그러하죠. 모든 여성이 그렇지는 않지만, 현실적인 여성이라면 열여덟 살이건 여든 살이건 간에 황소자리식의 삶을 높이 평가할 것입니다. 평화롭고 느긋하게 살아가는 황소자리, 어떤 경우에도 차분하게 안정을 잃지 않는 황소자리를 말입니다. 황소자리의 감성적인 몸짓과 현실적이고 유쾌한 구애는, 세레나데를 불러 주는 로맨틱한 남성이나 정열적인 돈 주앙과는 다른 만족을 줍니다. 든든한 황소자리 남성에게 사랑을 받고 있는 여성들에게 물어보세요. 많은 이들이 매우 만족스럽고 행복한 삶을 살고 있을 것입니다.

황소자리 남성은 미래를 위해 신중하게 계획을 세웁니다. 마치 다람쥐가 춥고 메마른 겨울을 대비하여 풍족한 여름에 도토리를 비축해 두듯이, 지금은 여유롭고 즐겁더라도 앞으로 어려워질지도 모르는 때를 대비하는 일에도 소홀하지 않습니다. 추운 겨울에 아내와 함께 따뜻한 플로리다에서 한 달 정도 보낼 수 있는 경제적 능력을 보유한 남성들 중에는 황소자리가 제법 많이 있습니다.

황소자리 남성과의 연애에도 단점은 있습니다. 모든 것이 완벽할 수는 없지요. 당신은 자신의 여성성을 계속 유지하고 발전시켜 나가야 합니다. 채찍을 휘두르는 조련사처럼 괄괄한 여성은 어떤 황소자리 남성도 견뎌 내지 못한답니다. 아무리 확실한 의견이 있더라도 그 사람 앞에서는 펼쳐 놓지 말아야 합니다. 사람들 앞에서 당신이 똑똑하다고 자랑해서도 안 됩니다. 황소자리 남성이 똑똑한 여성, 특히 상식이 많은 사람을 존중하기는 하지만 얼굴을 맞대고 블루스를 추거나 식당에서 무릎을 맞대고 앉아 있는 상황이라면, 이 황소자리 남성을 더 똑똑한 사람으로 치켜세워야 합니다. 그의 친구들 앞에서 관습에 얽매이지 않는 자유로운 여성처럼 행동해 보세요. 아마 두 가지 반응을 보게 될 것입니다. 그가 고지식한 편이라면(황소자리 중에 의외로 이런 사람이 많습니다.) 집에 돌아와서 당신을 밀치거나 잡고 흔들거나 아니면 기어이 주먹을 한 대 날릴지도 모릅니다. 더 심한 경우라면 집에 도착하기도 전에 이미 사단이 날 것입니다.

그가 조금 더 교양 있는 사람이라면 사람들 앞에서 당신의 팔을 꽉 움켜잡고는 차가운 돌덩어리처럼 앉아 저녁 모임 내내 한 마디도 하지 않을 것입니다. 당신은 쥐구멍에라도 숨고 싶을 테고, 친구들도 무척 당황스러워할 것입니다. 체면은 구겨질 대로 구겨졌고 저녁은 먹는 둥 마는 둥 다들 자리를 피할 궁리만 할 것입니다.

당신은 어떻게든 상황을 만회하려고 시도해 보겠지만 딱딱하게 굳은 황소자리를 다시 녹일 수 있는 방법은 없습니다. 차라리 지브롤터 해협의 바위를 옮기는 것이 낫죠. 황소자리 남성을 평상시의 사교적인 모습으로 되돌리려고 몇 번 시도해 보면, 차라리 뾰루퉁한 채로 내버려 두는 편이 나았다는 것을 깨닫게 될 것입니다. 당신의 노력에도 불구하고 아무런 반응을 보이지 않는 황소자리 남성보다는 차가운 돌덩어리가 백 배는 더 봐줄 만하죠. 황소자리 남성을 너무 몰아세우면, 그는 조용한 스핑크스에서 성난 황소로 돌변하여 심한 욕설을 내뱉고, 당신은 더 당황하여 얼굴이 빨개지겠지요. 또는 그가 조용히 사람들에게 이렇게 말할 것입니다. "파티를 중단해서 죄송합니다만, 저는 이 방정맞은 여인을 집으로 데려가서 훈계를 좀 해야겠습니다." 그 뒤로 몇 주 동안은 창피해서 사람들을 만날 수가 없겠죠. 정치를 논하는 그의 이야기에 사람들이 넋을 놓고 듣고 있을 때 당신이 "당신도 참 순진하시네요. 이번 총리 내정자가 뇌물을 받았다는 건 사람들도 다 알아요. 그런 경력이라면 총리는커녕 동네 반장도 못할 걸요. 뭘 제대로 알기나 하고 그런 말을 하세요."라고 말한다면 황소자리 남편은 뒷발로 땅을 파헤치며 우람한 가슴 위로 팔짱을 끼고는 험악한 표정을 지을 것입니다.(어쩌면 당신을 때릴지도 모릅니다.) 남편이 코트를 챙겨들려고 하면 당신도 따라하는 것이 좋습니다. 황소자리 남성은 아무리 아내가 자기를 화나게 하더라도 늑대들 사이에 홀로 남겨 두지는 않습니다. 머리채를 잡고서라도 데리고 갑니다. 그러니 뒤에 남아서 사람들에게 하소연이나 늘어놓을 생각은 하지 마세요. 그 사람이 가면 당신도 가야 합니다. 그리고 집에 도착하기 전에 반드시 사과하는 것이 좋습니다. 남편은 사과하지 않을 거예요. 친정에 달려가 숨는 것도 도움이 되지 않습니다. 남편이 경제권을 쥐고 있는 동안은 그 사람의 집에서 함께 살아야만 합니다. 전형적인 황소자리는 장모가 개입하는 것을 대단히 싫어합니다. 한 번쯤은 시도해 볼 수 있겠죠. 그러나 일단 황소자리의 격노를 겪고 나면 친정 부모님들은 문을 걸어 잠그고 당신 문제는 당신이 직접 해결하기를 바랄 것입니다.

공격적인 성향의 아내를 둔 황소자리 남편이 있었습니다. 남편은 고심 끝에 자신만의 해결책을 찾아냈습니다. 사람들이 있는 곳에는 절대로 아내와 함께 외출하지 않는다는 원칙을 세운 것이지요. 아내가 아무리 졸라도 남편은 요지부동이었습니다. 아내로서는 어쩔 도리가 없었지요. 아내는 밖에서 다른 남자들의 체면 정도는 가볍게 짓밟을 수 있었지만 황소자리에게만은 그렇게 하지 못했습니다. 그 황소자리 남편은 밝고 쾌활한 아내를 진정 사랑했으며, 둘은 여러 면에서 아주 잘 맞는 부부였고, 또 서로를 몹시 존중했습니다. 하지만 아내는 사람들과 함께 있을 때 가능하다면 입을 다물고, 늘 남편을 치켜세워야 한다는 것을 알게 되었지요. 아내는 어쩔 수 없이 파티에도 혼자 가야 했고, 좋아하는 영화도 혼자 봐야 했습니다. 황소자리 남편은 어느 날 근사한 식당에서 다른 커플들과 함께 식사를 한 번 한 이후에는 두 번 다시 아내와 함께 외출을 하지 않으려고 했거든요. 그날 아내는 남편이 들고 있던 메뉴판을 가로채서는 직접 모든 사람들의 메뉴를 주문했다고 합니다. 아내는 전채 요리를 먹는 동안 남편의 머리 모양과 넥타이가 어울리지 않는다는 말을 했고, 주 요리를 먹는 동안에는 남편이 꺼낸 재미난 이야기의 결정적 대목을 세 번이나 미리 얘기하고 말았습니다. 지금은 그 황소자리 남편이 혼자만의 성채에서 나오기를 거부하고 있기 때문에 아내 혼자 사교 모임에 나가야 하는 처지가 되었습니다. 황소자리 남편을 탓할 수는 없습니다. 자신의 태양별자리에 충실한 것입니다. 결혼 생활 자체는 위기에 처하지 않았지만 행복하다고도 할 수 없지요. 그러니 황소자리 남편을 너무 밀어붙여서 화를 자초하지 않는 것이 좋습니다.

황소자리 남성은 인내심이 매우 강하지만 그렇다고 해서 자기 코에 코뚜레를 꿰지는 않을 것입니다. 자기에게 너무 매달리는 사람도 원치 않습니다. 황소자리 남성은 현실적이고 자기의 자유를 무척 사랑하기 때문에, 거머리처럼 착 달라붙어 손수건으로 눈물을 닦아 내며 징징거리는 여성을 좋아하지 않습니다. 어느 정도 열정과 용기를 지닌 여성은 괜찮습니다. 그런 여성은 황소자리 남성의 호기심을 자아내고, 그에게 부족한 부분을 보완해서 균형을 맞춰 줍니다. 황소자리 남성은 마치 사랑스러운 아기 고양이가 색색의 실 뭉치를 가지고 노는 모습을 지켜보듯이, 그녀가 귀여운 옷을 입고 발랄하게 뛰어다니는 모습을 흐뭇하게 지켜볼 것입니다. 그리고 황소가 그 실 뭉치를 채 가면, 이제 놀이를 멈추고 주인의 목소리에 귀 기울여야 할 때입니다. 자기의 남성성이 위협받지만 않는다면 황소자리 남성만큼 자상하고 인내심 강한 사람은 없습니다. 자기가 사랑하는 여인을 위해서라면 세상에 못해 줄 것이 없습니다. 황소자리는 때때로 서커스장의 서툰 곰처럼 행동합니다. 거칠고 우스꽝스러운 유머 감각을 자랑할 때가 많지요. 하지만 파티가 끝나고 나면 바보 역할도 막을 내린답니다.

황소자리 남성은 여성들을 두루 사귀어 보고 연애는 신중하게 시작합니다. 토요일마다 황소자리 남성과 영화관에 다닌 지 벌써 1년이 되어 가는 여성은 그가 자기에게 마음이 있기나 한지 궁금해합니다. 황소자리는 엔진을 완전하게 가동하기 위해서 한참 동안 워밍업을 해야 하지만, 일단 한 여성으로 마음을 정하면 다른 생각은 할 수 없답니다. 분별력과 신중함도 잊어버릴지 모릅니다. 전형적인 황소자리 남성은 큐피드 화살에 맞는 순간, 두 사람이 잘 어울리는지 아닌지를 꼼꼼하게 따져 볼 여유가 없습니다. 친구들이 냉정하게 지적을 해 주면 해 줄수록 그는 점점 더 고집을 부릴 것입니다. 황소자리가 고집을 부리면 어떻게 되는지 잘 아시죠? 그 결과 황소자리 남성은 자기와 잘 맞는 흙이나 물의 별자리는 놔두고 불이나 공기 별자리의 여성과 얽히는 실수를 자주 저지릅니다. 물론 좋을 때도 있습니다. 극과 극은 끌리기 마련이니까요. 하지만 일이 잘 안 되어서 헤어지고 나면, 그 상처를 극복하고 자기의 성향과 인생관에 보다 잘 맞는 여인을 만나 안정을 찾기까지는 무척 오랜 시간이 걸릴 것입니다.

경제적인 면에서 황소자리 남성은 상당히 뛰어난 편입니다. 전망이 매우 밝지요. 황소자리 남성은 아주 부자는 아니더라도 최소한 안정적인 경제 구조를 확보합니다. 현금을 가지고 블루마블 게임을 하면 대부분 이길 정도로 돈복이 있습니다. 황소자리는 부동산이나 현금을 잘 관리하는 것으로도 유명합니다.

황소자리 남성은 전원 생활을 좋아하고 축구, 낚시, 캠핑도 좋아할 것입니다. 이 중에 해당하는 것이 없다면 원예나 산책이라도 좋아할 것입니다. 그리고 지적인 소설이나 심오한 철학책보다는 늠름한 고대 영웅 이야기나 제국을 건설한 위인의 전기를 더 좋아합니다. 황소자리 남성들 중에는 남성 잡지를 서너 개 정기 구독하는 이들이 많습니다. 대부분 실용적인 잡지이겠지만, 여성의 화려한 육체미를 담은 잡지도 몇 권 끼어 있을 것입니다.

황소자리 남성은 뼛속 깊이 남자입니다. 그러니 앙증맞은 찻잔에 색색의 이쑤시개로 장식한 샌드위치를 대접하는 실수를 해서는 안 됩니다. 어머니가 늘 만들어 주던 것 같은 가정식이라면 뭐든지 좋습니다. 괜찮은 요리책을 몇 권 구비해 두세요. 물론 외식도 자주 할 것입니다. 전형적인 황소자리는 자기 아내가 가정부처럼 일하는 것은 원하지 않아요.(주말에 가끔 자기가 직접 요리를 하다가 주방을 난장판으로 만들어 놓고는 당신에게 뒤처리를 맡길 수도 있습니다.)

황소자리 남성은 부모 역할을 매우 즐거워합니다. 자기의 대를 이을 아들을 중요하게 생각하지만, 딸도 무척 사랑할 것입니다. 황소자리 남성은 사랑이 넘치고 따뜻하면서도 이해심이 많은 아버지입니다. 아이들에 대한 기대가 높으며 아이들이 재산이나 물건을 항상 소중히 여기기를 바랍니다. 인내심도 많아서 아이들이 배우는 속도가 느리더라도 제대로 배우기만 하면 괜찮다고 생각합니다. 지속적인 교육을 통해 성숙한 어른으로 키워야 한다는 입장이지요. 하지만 물질적인 것을 지나치게 강조하거나, 아이들에게 비싼 선물을 사 주면서 버릇을 망칠 수도 있습니다. 자기의 시간을 아끼지 않고 아이들에게 늘 헌신적이지만, 필요하다면 엄하게 훈육할 것입니다. 아주 가끔 머리 꼭대기까지 화가 난 아버지를 피해 다락방에 숨었던 기억을 제외한다면, 5월에 태어난 아버지와 함께 한 시간은 대체로 따뜻하고 사랑 넘치는 기억으로 가득할 것입니다.

전형적인 황소자리 남편은 아내의 잘못에도 관대합니다. 아내가 좋은 옷이나 향수, 보석을 사도, 우아한 가구나 큰 장식장을 사도 뭐라고 타박하지 않습니다. 가구나 옷 또는 음식에 대해 인색하게 구는 경우는 거의 없습니다. 출생차트 상에 충동적인 소비를 부추기는 요소가 있지 않는 한 황소자리 주머니에서 쓸데없이 큰돈이 새 나가는 경우는 없답니다. 황소자리가 고급스러운 물건을 좋아하는 것은 그 가치를 알아보기 때문입니다. 그래서 영업사원의 허풍에 넘어가 불필요한 물건을 비싸게 구입하는 일은 없습니다.

열심히 일하는 황소자리 남성에게 충분한 휴식은 필수입니다. 몸이 피곤하면 신경이 날카로워지기 때문에 잘 쉬도록 해 주어야 합니다. 게으르다고 남편에게 잔소리를 하면 절대로 안 됩니다. 황소자리 남편의 눈 앞에 빨간 천을 흔들어 대는 꼴이지요. 황소자리는 자기만의 느릿한 속도로 살아가기 때문에 재촉하거나 밀어붙여서는 안 됩니다. 황소자리의 속도계 바늘은 '느림'에 고정되어 있습니다. 사람들과 약속을 줄줄이 잡아 놓고 그를 데리고 다니기는 힘들 거예요. 황소자리 남성은 자기 집에 사람들을 초대하는 것을 좋아합니다. 사람들로 붐비는 장소에 가기보다는, 관심사가 비슷한 몇몇 사람들과 어울리는 것을 선호합니다. 황소자리 남성은 오래 된 친구들이나 진지한 목표와 야망을 가진 사람들과 함께 있으면, 언제나 유쾌하고 따뜻하게 사람들을 대할 것입니다. 하지만 당신이 황소자리 남편의 성채에 시끄러운 사람들을 초대해서 어수선하게 만들면, 남편은 조용히 사라져서 어쩌면 영원히 돌아오지 않을 수도 있답니다.

집 안에 등받이를 뒤로 젖힐 수 있는 안락의자를 구비해 주세요. 시끄러운 텔레비전 소리나 사방에 흩어져 있는 장난감은 사절입니다. 집 안은 늘 잔잔한 음악소리와 아름다운 물건 그리고 평화로움으로 가득 차 있어야 합니다. 남편에게 여성스러운 면을 많이 보여 주세요. 그러면 그는 더 이상 바랄 게 없는 남편이 되어 줄 것입니다. 당신을 그렇게까지 자상하게 배려해 주는 사람은 이 세상에 없지요. 이런 면에서 황소자리 남성은 정말로 존경받아야 합니다.

황소자리의 사랑은 소박하고 정직합니다. 당신의 사소한 결점이나 실수는 눈감아 주고, 당신의 비위도 잘 맞추어 주는 배려심과 다정다감한 성품을 지니고 있지요. 당신은 사랑받고 있다는 것을 확실하게 느낄 것입니다. 황소자리는 신실한 마음으로 당신에게 지속적인 충성과 헌신을 바치기 때문에 당신은 정서적으로 안정된 느낌을 받을 것입니다. 여기에 경제적 안정이 함께 한다면 더 바랄 것이 없습니다. 황소자리 남편이 고집이 세긴 하지만, 그것은 바꿔 말하면 인내심이고, 인내심은 사람들이 흔히 가지고 있지 못한 미덕이라고 생각하면 좀 봐줄 만하죠?

포근한 모직 담요(황소자리는 촉감이 부드러운 물건을 좋아합니다)를 하나 사서 그가 안락의자에 앉아 주식시장 현황을 읽고 있을 때 덮어 주세요. 향이 좋은 오일과 비누로 따뜻한 목욕을 할 수 있게 해 주세요. 영양이 풍부한 죽을 만들어 주세요. 그러면 어떤 폭풍이 몰아쳐도 당신을 보호해 줄 강인하면서도 부드러운 남자를 평생 곁에 둘 수 있습니다. 황소자리 남성에게 만족감은 중요한 단어입니다. 정말 포근하게 들리는 말이지요.

황소자리 여성

♉

바깥엔 서리와 몰아치는 눈과
폭풍의 광기가 있고
안에는 장작불의 따뜻한 빛과
즐거운 어린 시절의 둥지가 있지.

5월에 태어난 어머니를 둔 어떤 작가와 나누었던 대화
가 생각납니다. 부모의 습관이나 성격에 대해 이야기를
나누던 중에 그 작가가 "우리 엄마는 정말 커다란 사람
이었어요."라고 했고, 저는 "그럼, 당신은 아빠를 닮았군
요."라고 응수했습니다. 그 작가는 키가 별로 크지 않았
거든요. 그 작가는 그냥 웃었습니다. 다음에 그녀가 했
던 말은 정말 잊히지 않습니다. "키가 크다는 말이 아니

에요. 저희 엄마는 저보다 작아요. 마음이 크다는 얘기예요." 그 작가는 물고기자리였는데 사람의 깊은 내면을 볼 줄 아는 별자리다웠습니다.

그 말이 맞습니다. 황소자리 여성은 '큰' 사람들입니다. 설령 키가 150센티미터도 되지 않아도 인생이 던져 주는 어떤 역경도 물리칠 만큼 대범한 사람들입니다. 여러 면에서 황소자리 여성은, 세상 모든 남자들이 찾고 싶지만 실제로는 잘 찾을 수 없는, 그런 훌륭한 자질들만 모아 놓은 존재이기도 합니다. 지구의 소금과 같은 존재라고 할까요. 때로는 황소자리 여성의 지독한 분노 앞에서 어떤 대담한 남성이라도 줄행랑을 치고 싶을 때가 있겠지만, 그녀가 아무런 이유 없이 그렇게 화를 낼 리는 없습니다. 누가 그녀의 인내심을 시험하겠다는 심사로 괴롭히지만 않는다면, 또 운명이 그녀에게 혹독한 시련을 주지만 않는다면, 황소자리 여성은 공정하고 침착하게 살아갈 것입니다. 황소자리 여성의 본바탕은 솔직하고 정직합니다. 거짓 눈물을 흘리지도 않습니다. 황소자리 여성은 어떤 강인한 남성보다도 더 도덕적이고 용감합니다. 또한 당신이 원한다면 얼마든지 당신에게 주도권을 내줄 만큼 자신감도 충만합니다. 당신이 하지 않는다면 황소자리 여성은 기꺼이 나서서 가정을 이끌겠지만, 사실은 당신이 번듯한 가장 역할을 해 주기를 더 바란답니다. 자기의 강한 모습을 자랑스러워하기 때문에 남편도 강한 남성이기를 바라는 것이죠. 황소자리 여성에게 있어서 여성으로 산다는 것은, 원하는 것을 얻기 위해 남성에게 꼬리 치거나 약한 척하는 것이 아닙니다. 황소자리 여성은 자기만의 정신세계를 가지고 있습니다. 눈물을 무기로 사용하는 상투적인 여성성과는 관계가 없습니다. 황소자리 여성이 꽤 강하다는 것을 여러분도 곧 알게 될 것입니다.

일반적으로 황소자리 여성은 마음만 먹으면 열 마리 말을 충분히 부릴 만큼 자제력이 강합니다. 동쪽별자리가 양자리나 사자자리일 경우에는 성품이 잔인해지거나 감정 기복이 심할 수도 있고, 물고기자리나 쌍둥이자리의 영향이 있을 때는 산만하게 행동하기도 합니다. 하지만 전형적인 황소자리 여성은 거의 모든 면에서 자제력을 발휘하는 사람들입니다. 황소자리의 차분한 겉모습 뒤에는 조절이 필요한 감각적인 성향이 숨어 있기 때문에 이런 자제력은 매우 유용한 덕목입니다.

남성들은 사람들을 재단하지 않고 있는 그대로 받아들이는 황소자리 여성의 태도에 감동합니다. 황소자리 여성은 콩고에서 체체파리를 연구하는 과학자도, 서커스에서 칼 삼키는 묘기를 부리는 사람도 모두 편하게 대합니다. 황소자리 여성은 내면에서 우러나오는 대로 자연스럽게 행동합니다. 무엇보다 진정성이 중요하니까요. 황소자리 여성 주위에는 만화 속에서 튀어나온 듯한 괴짜 친구가 많을 것입니다. 그림이나 조각이 아닌 진짜 사람들입니다. 황소자리 여성은 싫어하는 사람이 있어도 굳이 공격하거나 도전하지 않습니다. 그냥 피하고 맙니다. 황소자리 여성은 적에게는 냉랭한 무관심으로 일관하지만, 당신을 친구라고 생각하면 좋을 때나 나쁠 때나 의리를 지킬 것입니다. 황소자리 여성이 당신과 친구가 된다면 다몬과 피티아스*가 부럽지 않을 것입니다.

당신이 폭주족이어도, 전봇대에 기어 올라가도, 감

* 다몬과 피티아스(Damon and Pythias): 고대 시라쿠사의 철학자들. 목숨을 걸고 맹세를 지킨 두 사람의 굳은 우정으로 유명하다.

옥에 가도, 심지어 머리에 꽃을 꽂아도 여전히 그녀의 친구입니다. 황소자리 여성은 어떻게든 당신의 행동을 이해할 것입니다. 그런데 여기에는 문제가 하나 있습니다. 당신도 그녀에게 맹목적인 충성과 변함없는 의리로 답해야 합니다. 그렇지 않으면 황소자리 여성의 분노를 살 거예요. 질투와는 다른 문제입니다. 보통 황소자리 여성은 길거리에서 예쁜 여성을 쳐다보는 남성의 심리를 이해해 줍니다. 양자리나 사자자리 여성과는 달리 당신이 예쁜 여자를 대놓고 칭찬해도 질투하지 않는답니다. 당신이 다른 여성에게 약간 집적거리거나 작별 키스를 하는 정도로는 황소자리 여성을 화나게 하기 어렵습니다. 그녀가 생각하는 도를 넘어가면 무시무시한 사람으로 변하겠지만 그 기준 자체는 매우 관대합니다. 전형적인 황소자리는 격분하기까지 상당한 예열 시간이 필요합니다. 매력적인 가게 아가씨에게 계속 윙크를 해도 괜찮습니다. 하지만 황소자리 여성의 인내심을 너무 시험하지는 말기 바랍니다. 아무리 관대해 보이더라도 인내심에는 한계가 있습니다. 아직 황소자리 여성이 정말로 화내는 것을 보지 못했다면 다행입니다. 앞으로도 계속 그럴 일이 없기를 바랍니다.

　황소자리 여성은 지적인 목표를 추구하지는 않습니다. 그들이 똑똑하지 않다는 의미가 아닙니다. 다만 상대성이론이나 변증법 따위를 파헤치는 일에는 별로 관심이 없습니다. 학위를 여러 개 따는 것도 그녀에게 별로 의미가 없습니다. 하나면 충분합니다. 황소자리 여성에게는 실용적인 상식이나 사물을 움직이는 기본 원리를 이해할 수 있는 능력이 중요합니다. 전형적인 황소자리 여성은 철학책을 별로 즐기지 않습니다. 복잡한 이론에도 강하지 않습니다. 현실적이고 실용적인 사고 방식을 가지고 있어서 남들에게 보이기 위한 지적 허영심도 없습니다. 대지에 발을 딛고 서 있는 황소자리 여성의 단단한 뒤꿈치에는 어쩌면 뿌리가 나 있을지도 모르지요. 황소자리 여성이 들떠서 부산스럽게 구는 경우는 거의 없습니다. 늘 냉정한 태도로 균형을 잡습니다. 이들은 무엇을 비꼬거나 왜곡하지 않고 자기 관점을 진솔하게 유지합니다.(달별자리가 쌍둥이자리라면 약간 삐딱할 수도 있습니다.)

　황소자리 여성은 화병에 조화를 꽂아 두지 않습니

다. 언제나 자연의 느낌과 향기를 고스란히 간직한 진짜 꽃이어야 합니다. 봄에는 갯버들을 따다가 탁자 위에 올려놓고, 여름에는 달리아 꽃으로 집 안을 채울 것입니다. 이국적이면서도 은은한 향이 남는 향수를 좋아하는 사람도 있고, 향수보다는 청결한 머리카락과 피부 냄새를 좋아하는 사람도 있습니다. 햇살의 냄새를 간직하고 있는 깨끗한 셔츠를 보면 감동하고, 오븐에서 구워지고 있는 맛있는 빵 냄새에도 행복해합니다. 아침에 도착한 신문에서 나는 잉크 냄새도 그녀를 자극할 만합니다. 봄비가 내리고 난 뒤 잔디를 깎을 때 풍기는 풀 냄새에도 도취되고, 양초 타는 냄새나 가을날 낙엽 태우는 냄새에도 취합니다. 그러므로 황소자리 여성에게 굿나잇 키스를 하기 전에 향이 좋은 로션을 바르는 것은 기본입니다. 귀 뒤에 젖은 신문을 문질러도 좋고, 타다 남은 나뭇잎을 셔츠 주머니에 슬쩍 끼워 두는 것도 좋겠지요. 정원 잔디밭에 스프링클러를 켜는 것도 잊지 말아야겠습니다. 특히 봄날이라면 더욱 그렇지요. 불쾌한 냄새는 황소자리 여성에게 심한 부작용을 불러 옵니다. 아무리 냄새 제거 시술을 했다 하더라도 스컹크를 애완동물로 키워서는 안 됩니다. 향수 한 통을 다 뒤집어쓸 생각이 아니라면 생선구이 집에 데리고 가서도 안 되지요. 생선을 구울 때 나는 냄새가 문제랍니다. 바다에서 갓 잡은 싱싱한 생선 냄새는 다르지요. 그건 자연의 냄새니까요. 이렇게 예민한 황소자리 여성이지만 마구간 냄새 같은 건 그리 불쾌해하지 않습니다. 그 역시 자연의 냄새이니까요. 향기로 그녀를 유혹할 작정이라면 목록을 신중하게 작성해야 할 것입니다.

색깔도 황소자리 여성을 고양시키는 요소인데 다채로울수록 좋습니다. 연한 하늘색에서부터 쪽빛에 이르기까지 파란색 계열은 그녀의 긴장을 풀어 줍니다. 장미색과 같은 핑크 계열도 마찬가지입니다. 황소자리 여성의 집을 방문할 때 파란색 넥타이를 매거나 밝은 핑크색 셔츠를 입어 보세요. 하지만 두 가지를 동시에 시도하는 건 위험합니다. 남다른 조화 감각을 가진 황소자리 여성에게 유치원생처럼 보이면 곤란하겠지요?

음식을 할 때에는 맛을 잘 내기 위해 양념을 푸짐하게 쓰는 편입니다.(동쪽별자리가 처녀자리나 염소자리인 경우는 예외입니다.) 외식을 할 때는 고급 식당에 가는 것이 좋습니다. 평범한 햄버거나 볼품없는 콩죽 같은 걸 먹으면 그녀의 마음도 냉담해진답니다. 때로는 그녀의 집에 초대받아서 직접 요리한 음식을 대접받는 행운이 올 수도 있겠죠. 당신은 식사가 끝나기도 전에 프러포즈하고 싶을지도 모릅니다. 황소자리 여성이 앞치마를 두르면 기대하셔도 좋습니다. 샌드위치나 만들려고 앞치마를 두르지는 않으니까요. 그녀의 집에 갈 때는 위장을 비워두세요. 당신의 마음까지 요리하는 황소자리 여성의 주방은 남자들이 도저히 빠져나갈 수 없는 덫이 되곤 한답니다.

황소자리 여성은 듣기 좋은 소리나 아름다운 광경에 자석처럼 이끌립니다. 대부분의 황소자리 여성은 음악이나 미술 작품에 대해 놀라운 안목과 재능을 가지고 있습니다. 전화기 옆 메모장에 뭔가를 끄적거려 놓아도 작품이 됩니다. 데이트할 때 공연이나 미술 전시회를 꼭 빼놓지 마시고, 신혼여행은 나이아가라 폭포나 그랜드 캐니언이 좋겠네요. 황소자리 여성은 장엄한 자연 앞에서 황홀경에 빠질 것입니다.

나이아가라 폭포에 갈 수 없다면 놀이공원에라도

데리고 가세요. 회전식 대관람차를 특히 좋아할 것입니다. 뺨을 스치는 바람과 화려한 조명을 즐기며 증기 오르간 음악을 감상할 수 있죠.(롤러코스터는 양자리나 쌍둥이자리에게 더 어울린답니다.) 황소자리 여성이라면 시골 농장에 가 보거나 전원에서 하이킹을 해 보았을 것입니다. 승마와 낚시를 싫어하는 황소자리 여성이 있을까요? 이 감각적인 황소자리 여성은 알고 보면 말괄량이랍니다. 그녀는 자기를 유혹하는 대자연의 품에 마음껏 안기며 황홀해합니다. 황소자리 여성이 당신 품에서 황홀해하기를 원한다면, 시끄러운 음악은 틀지 말고, 마늘을 먹고 나면 반드시 양치질을 하고, 또 색깔을 잘 맞추어 옷을 입기 바랍니다.

　마지막으로 촉감에 대해 얘기해 볼까요? 황소자리 여성은 당신의 셔츠가 거칠다고, 느낌이 좋지 않다고 불평하는 사람들입니다. 눈 감고 천을 만져서 색깔을 알아맞힐지도 모릅니다. 황소자리 여성은 부드럽고 고급스러운 소재로 된 옷을 선호하고, 디자인도 단순한 스타일을 즐겨 입습니다. 황소자리의 미적 감각으로는 요란한 란제리나 화려한 옷은 별로입니다.(동쪽별자리나 달별자리가 물고기자리나 사자자리라면 조금 다릅니다.) 지나친 장식이 없는 단순하면서도 고급스러운 옷을 선호하지만, 착용감이 좋은 스포츠웨어도 즐겨 입습니다. 황소자리 여성의 실용적인 성격이 옷에 대한 취향에도 영향을 미치는 것이지요. 만약 물병자리 영향을 많이 받은 황소자리라면 옷 가게에 가서는 완전히 넋이 나가서 아주 독특한 옷을 고르기도 하겠지만 그래도 역시 황소자리 특유의 실용성을 벗어나지는 않습니다.

황소자리 여성은 알면 알수록 정말 의지할 수 있는 사람입니다. 다른 사람들에게 신의를 기대하는 것 외에는 요구하는 것이 거의 없으며, 성격은 대체로 한결같고 유쾌합니다. 사람들은 그녀의 솔직하고 느긋한 태도를 좋아하지요. 마치 목욕을 한 것처럼 편안해집니다. 황소자리 여성 자신도 따뜻한 목욕을 매우 좋아해서 향이 좋은 로션, 오일, 거품 목욕 같은 것을 즐깁니다. 황소자리의 욕실은 마치 클레오파트라의 개인 욕실처럼 꾸며져 있는 경우가 종종 있습니다. 어느 구석에선가 노예가 나타나 야자나무 잎으로 부채질을 해 줄 것만 같습니다.

주위 사람들이 잘 눈치 채지 못하지만, 황소자리 여

성은 사람들 앞에서 누군가에게 지적당하는 것을 싫어합니다. 하지만 별자리를 이해하면 쉽게 알 수 있죠. 황소자리 여성은 일을 천천히 하는 것을 좋아한다는 사실을 명심하세요. 만약 서두르게 하거나 다그치면 황소자리 여성은 화가 날 것입니다. 황소자리 여성을 화나게 하는 건 결코 현명한 처사가 아니랍니다. 황소자리 여성이 사는 법은 '천천히, 신중하게 그리고 꾸준하게'입니다. 황소자리 여성이 충동적인 상태로 돌변하는 경우는 매우 드물지만 심한 자극을 받으면 난폭해질 수도 있습니다.

황소자리 여성은 좋은 어머니가 될 것입니다. 침착하고 느긋한 천성이 아이를 키울 때 빛을 발합니다. 아이가 걸음마를 배울 때까지는 사랑으로 감싸 주지만, 아이가 커 갈수록 점점 엄격하게 키웁니다. 황소자리 여성은 완고한 성격 때문에, 자녀가 사춘기에 겪는 복잡하고 혼란스러운 변화를 잘 받아들이지 못합니다. 황소자리 어머니는 자기의 훈육이 통하지 않으면 화를 낸답니다. 아이들이 반항하는 것을 견디지 못합니다. 또한 게으름을 피우거나 대충 하는 것을 참지 못하는 경향도 있습니다. 그러니 황소자리 어머니를 둔 자녀들은 방 정리를 깔끔하게 해 두는 것이 좋겠지요?

황소자리는 아름다움과 조화로움을 매우 사랑합니다. 그래서 어수선한 취미 생활을 잘 받아들이지 못합니다. 방을 지저분하게 하거나 대충 치우는 아이들을 보면 얼굴이 벌써 벌게집니다. 하지만 이런 사소한 단점을 제외하고는 대체로 좋은 어머니입니다. 시간이 지날수록 어머니라기보다는 친구 같은 존재가 될 것입니다. 아이들은 어머니를 어린 시절에는 따뜻하고 모성이 넘치는 사람으로 기억하고, 좀 더 나이가 들어서는 유머 감각이 있는 친구로 기억합니다.

참을성 없는 사춘기 자녀와 황소자리 어머니의 단호한 의지가 부딪히는 시기에는 별로 유쾌하지 않은 기억들이 남을 수 있습니다. 하지만 황소자리 어머니는 언제나 아이들을 외부의 위협으로부터 보호해 줄 것이며 자기의 정직함과 용기를 닮도록 가르칠 것입니다.

황소자리 여성은 절대로 유약하지 않습니다. 징징거리거나 투정하는 법이 없습니다. 일시적으로 가정 형편이 어려워지면 남편을 돕기 위해 군말 없이 일터로 나설 것입니다. 황소자리 여성은 느리고 신중하게 움직이고 자주 쉬어 주어야 하는 사람임에도 불구하고, 실상 게으름 피우는 모습은 찾기 힘들지요. 황소자리 여성은 정말 열심히 일합니다. 남성 못지않은 힘으로 사다리 위에 올라가 페인트칠을 하거나 벽에 시멘트를 바르기도 합니다. 하지만 체력을 유지하기 위해서는 낮잠을 자야 하지요. 황소자리 여성은 항상 배우자 옆에서 당당하게 걷습니다. 앞서 가지도 않고 뒤처지지도 않으려고 합니다.

황소자리 여성은 남편이 학업을 연장하기 위해 대학원 과정에 들어가면, 남편의 연구나 회사 일을 돕기도 합니다. 이런 면에서 황소자리 여성은 뛰어난 조력자입니다. 황소자리 여성은 함께 살면서 반드시 자기 몫을 하려고 합니다. 반대로 남편이 자기 몫을 하지 않으면 그녀는 매우 괴로워합니다. 황소자리 여성은 어떤 형태로든 약한 것을 싫어한답니다.

황소자리 여성은 신체적 고통이나 정신적 스트레스에 초연합니다. 때로는 전갈자리 여성을 능가할 정도이지요. 예전에 병원에서 보았던 장면이 떠오르네요. 어떤 황소자리 여성이 수술을 받기 위해 위층 수술실로 이동하고 있었습니다. 이미 너무 심각한 상태여서 수술이 성공할 가능성이 희박하다는 것을 스스로가 잘 알고 있었지만 위험을 감수하기로 한 것입니다. 그녀가 누운 침대가 수술실로 가는 길에 남편이 따라가면서 아내를 내려다보았습니다. 그녀는 남편의 눈에 고인 눈물을 보았지만 어떤 말도 하지 않았답니다. 대신 간호사들과 심지어 의사까지도 웃지 않고서는 배길 수 없는 재미난 이야기를 했습니다. 수술실로 올라가는 엘리베이터에 침대를 넣느라 간호사들이 밀고 당기며 애를 쓸 때 가족들은 그녀의 마지막 말을 들었습니다. 전형적인 황소자리의 모습이었지요. 사랑하는 가족들을 돌아보며 눈물의 작별 인사를 나누는 대신 그녀는 한쪽 팔꿈치를 베고 젊은 간호사에게 능청스럽게 말했답니다. "수술 끝나고 나를 다시 이 침대에 옮기기 전에 제발 이 망할 놈의 바퀴에 기름칠 좀 하세요." 황소자리 여성은 절대로 감상에 젖어 실용성을 잊는 일이 없답니다.

황소자리 여성은 절대로 결혼으로 한몫 잡으려 하거나 남편에게 무언가 해 달라고 징징거리지 않습니다. 황소자리 여성은 남편이 가정 경제를 현명하게 잘 관리해 줄 것이라 기대합니다. 음식과 가구에 대해서는 언제나 최고의 품질을 원할 것입니다. 하지만 그녀는 너무나 사고 싶은 비싼 물건도 세일 기간까지 기꺼이 기다립니다.

복권에 당첨되어 큰돈을 벌어도 황소자리 여성에게는 그다지 감명을 주지 못합니다. 오히려 당신이 미래를 생각하며 신중하게 차곡차곡 돈을 벌어 가는 모습을 보고 싶어 합니다. 타인에게 좋은 인상을 주는 것도 그녀에게는 중요한 일입니다. 많은 황소자리 아내들은 남편으로 하여금 영향력 있는 사람들을 집으로 초대하게 하고 근사한 식사를 대접하지요. 남편의 안정적인 미래에 도움이 될 수 있도록 말입니다. 황소자리 아내는 사람들을 대접하는 데에 일가견이 있습니다.

황소자리 여성은 아이가 아플 때 몇 날 며칠 아이 옆에서 밤을 지새우며 곧 회복할 거라는 강한 믿음으로 아이의 건강을 빌 것입니다. 또한 남편이 세상으로부터 버림받았을 때에도 부드럽게 어루만지며 용기를 불어넣어 줄 것입니다. 그뿐 아니라 스위스 시계처럼 믿을 만하고 예측 가능하며, 막힌 하수구나 두꺼비집을 손보는 일도 마치 쿠키를 굽거나 떨어진 단추를 다는 일만큼 잘 합니다. 사람들에 대한 여유와 사랑이 넘쳐나기 때문에, 낯선 사람이나 까칠한 친척들도 잘 대할 수 있습니다. 당신이 험난한 세상사에 휘말렸다가 돌아올 때에도 황소자리 여성의 집은 항상 당신을 따뜻하게 맞을 것입니다. 황소자리 여성은 제 친구가 말한 것처럼 '커다란 사람'입니다.

황소자리 어린이

$\Bbb{8}$

"내려다보면서 올라오라고 해 봤자 소용이 없어.
내가 그 사람이 되고 싶다면 올라갈 거고
아니라면 그냥 여기에 있을 테니까…"

갓 태어난 아기가 황소자리라는 증거는 병원에서 아기를 집으로 데려가려고 옷을 입히려는 순간 드러납니다. "할머니가 짜 준 예쁜 스웨터를 입어 볼까?" 아기에게 애정이 가득한 목소리로 부드럽게 이야기해 봅니다. "왜 작은 주먹을 꼭 쥐고 팔에 힘을 주고 있니? 펴 보렴, 옳지, 옳지, 우리 아가. 팔 좀 펴 보렴."

"내가 한 번 해 볼게." 남편이 나섭니다. "옳지, 자자, 소매에 팔을 넣어 보자. 아주 쉽단다. 얘야, 내 말 안 들리니? 펴 보라니까, 팔 좀 움직여 보렴!"

이제 간호사가 들어옵니다. "화내지 마세요, 신생아 때는 옷 입히는 것도 쉽지 않은 법이죠. 아가야, 착하지. 세상에, 눈은 동그랗게 뜨고 있는데 전혀 소리를 안 내네요."

"네, 아무 소리도 안 내요……." 남편이 말합니다. "그런데 팔을 가슴 위로 모으고는 도대체 펴지를 않아요. 힘이 너무 세서 제가 어떻게 할 수가 없어요."

"옷을 입기 싫은가 봐요." 당신이 불안한 듯 얘기합니다. 엄마의 직감이 시작된 거지요.

간호사는 보다 전문적인 손놀림으로 황소자리 신생아에게 접근해 봅니다. "제가 해 볼게요. 옳지! 소매에 넣어 보자, 일단 주먹부터 펴고……, 그렇지!"

간호사는 아기의 작은 팔을 강제로 옷에 끼워 보려고 합니다. 갑자기 조그만 황소자리 아기의 얼굴이 빨갛다 못해 새파랗게 변하더니 울음을 터뜨리고 맙니다. 복도에 있던 간호사들이 모두 병실 안으로 뛰어 들어옵니다. 울음이라기보다는 고함소리 같아서 어떤 의사는 지하실 보일러가 터졌나 하고 생각할 정도였으니까요. 그 황소자리 아기는 하기 싫은 걸 강요하지 말라고 방금 선언한 것입니다. 일종의 경고인 셈이지요. 이런 일은 앞으로도 계속 반복될 것입니다.

아기가 하기 싫어하는 것을 강제로 시도할 때마다 당신의 이웃들도 똑같은 소리를 듣게 될 것입니다. 굳게 닫힌 입을 벌리고 이유식을 먹이려 하거나, 힘을 꽉 주고 있는 다리를 벌려 기저귀를 채우려고 하거나, 또 통통한 분홍빛 몸을 목욕통에 넣으려고 하면 갑자기 딱딱한 시멘트처럼 몸이 굳어 버리는 등 작은 문제들이 많이 생길 것입니다. 당신은 아마 살이 많이 빠지고 몸은 근육질로 변해 가겠죠. 황소자리 아기를 둔 엄마의 팔뚝은 점점 뽀빠이처럼 우람해지고 눈은 올리브처럼 퀭해질 것입니다.

단순하고 고집이 세다는 것만 제외하면, 황소자리 아이를 키우는 일은 즐거움 그 자체입니다. 황소자리 아이는 어릴 적에 안아 주지 않고서는 배길 수 없는 사랑스러운 짓을 끊임없이 합니다. 녀석들은 꼭 껴안고 톡톡 다독여 주는 것을 좋아합니다. 빳빳하게 일어선 머리카락이나 곱슬곱슬한 앞머리를 가진 어린 황소는 당신 무릎 위로 뛰어 올라와서 뽀뽀를 해 달라고 하고 당신을 숨 막힐 정도로 꼭 안아 줄 것입니다. 당신 친구들 중에서도 아이가 따르는 사람이라면 똑같이 애정을 표현할 것입니다. 자그마한 황소자리 여자 아이는 디저트를 더 달라고 높다란 의자에 앉아서 애교를 부릴 것입니다. 그리고 아빠를 제일 잘 따르는 딸이 될 것입니다. 엄마가 황소자리 아들의 조용하고 상냥한 모습을 거부할 수 없는 것처럼 아빠는 황소자리 딸의 해맑은 매력을 거부할 수 없을 것입니다. 여자 아이건 남자 아이건 모두 체질이 튼튼하고 몸을 많이 움직이려고 할 것입니다. 남자 아이는 가끔 좀 놀라게 하겠지만 장난기 많고 강인할 것입니다. 여자 아이는 여성스러운 편이어서 소꿉놀이를 하며 마치 어린 엄마처럼 자기의 인형을 돌봐 주고 정리 정돈을 잘할 것입니다. 나무 위에 올라가거나 남자 아이들과 새총놀이를 하는 말괄량이도 있습니다. 하지만 이 말괄량이도 황소자리이기 때문에 마음만 먹으면 언제든지 여성적인 매력을 발산할 수 있답니다.

　　황소자리 아이는 일반적으로 다른 아이들보다 사회

적 학습 능력이 뛰어난 편입니다. 심지어 아장아장 걸을 때부터 이미 좀 남다릅니다. 다른 아이들보다 정서적으로 안정되어 있어 우울해하거나 조급해하거나 잘난 척하는 경향이 없다는 것이 한 가지 이유입니다. 가끔은 부정적인 태도를 보이며 완고해질 수 있고, 더러는 부끄러움도 타고 소심해질 수는 있지만 눈에 띄는 콤플렉스나 성장통은 거의 없는 편입니다. 황소자리 기질은 대체로 차분하면서도 유쾌합니다. 쉽게 산만해하거나 불안해하지 않지요. 너무 몰아세울 때 좀 멈칫거리는 것을 제외하고는, 성격이 온유하고 쾌활하며 무엇보다 예측이 가능한 아이들입니다. 또한 염소자리나 전갈자리를 제외하고는 다른 별자리 아이들보다 어른스러운 면이 있습니다. 아무리 어린 황소자리 아이라도 남들 앞에서는 예의바르게 행동하지만 자기에게 관심이 집중되면 입을 다물고 조용해지기도 합니다. 그냥 혼자 구석에서 놀게 내버려 두세요. 아마도 사람들은 아이가 교육을 무척 잘 받았다고 감탄할 것입니다.

황소자리 아이는 군소리 없이 조용하게 자기 일을 해 나가는 아이들입니다. 오만불손하거나 잘난 척해서 당신을 당황스럽게 하지는 않아요. 하지만 아이를 계속 괴롭히면서 성질을 돋우거나,(아이가 제일 싫어하는 것입니다.) 몰아세우거나, 하기 싫어하는 일을 끈질기게 강요하면 아이는 공격적인 모습으로 돌변할 것입니다. 그런 일이 생기지 않도록 하는 유일한 방법은 사랑입니다. 절대로 강요하지 마세요. 어른들에게 너무 강요를 받고 자란 황소자리 아이는 말수가 적고 감정 기복이 심하고 차가운 어른으로 성장하게 됩니다. 사랑을 적극적으로 표현해 주는 사람 앞에서는 계속 고집을 부리지 못하는 아이라는 것을 기억해 두세요. 다정하게 꼭 안아 주거나 뽀뽀를 해 주고, 밝게 웃으면서 달래 주면 황소자리 아이는 고집을 버릴 것입니다. 그리고 항상 부드럽고 조리 있게 얘기하세요. 고함을 지르거나 무턱대고 명령하면 아이는 눈과 귀를 모두 닫아 버릴 것입니다. 그뿐만이 아닙니다. 아이는 죽을 때까지 모든 규율과 명령에 저항할 것입니다. 하지만 따뜻하게 애정을 표현해 주는 사람에게는 단 1초도 저항하지 않는답니다.

황소자리 아이는 어릴 적부터 일반적인 상식에 눈을 뜹니다. 합리적인 이야기라면 실행에 옮기고 구체적인 설명을 더 듣고 싶어 할 것입니다. 복잡할 것은 없습니다. 황소자리 아이는 단순하고 정직한 있는 그대로의 진실을 원하니까요. "당장 침대로 들어가. 내가 하라면 하는 거야."라는 식의 명령으로는 아이를 움직일 수 없습니다. 아이에게는 이치에 맞지도 않고 합리적이지도 않지요. 부드럽게 "이제 불을 끌 거니까 침대로 들어가렴. 그렇지 않으면 내일 너무 피곤해서 놀지 못하게 될 거야."라고 말해 주세요. 아이는 바로 침대로 들어가서 꿈나라로 갈 준비를 할 것입니다. 또는 이렇게 말해도 통합니다. "따뜻한 침대로 올라가서 깨끗한 침대보 사이로 쏙 들어가렴. 그럼 엄마가 부드러운 곰 이불을 덮어 주고 재미있는 책을 읽어 줄게." 아무리 고집 센 아이라 할지라도 이렇게 말해 주면 백발백중 온순한 천사가 될 것입니다. 황소자리 아이는 매우 감각적이어서 사물의 느낌을 잘 묘사해 주면 공감을 얻어 내기가 훨씬 쉽습니다. 하지만 무조건 복종하라고 다그치면 아이는 절대로 당신 말을 듣지 않을 것입니다. 아이의 성격 형성에도 매우 위험한 일이지요.

색깔과 소리도 아이의 성격과 감정에 많은 영향을

줍니다. 밝고 튀는 오렌지색이나 빨간색은 아이를 들썩이게 만들고 고집을 부리게 합니다. 반면 파스텔 계열의 색깔, 특히 분홍색이나 모든 종류의 파란색은 거의 기적에 가까운 결과를 만들어 줄 것입니다. 아이는 색깔에 예민하게 반응한답니다. 황소자리의 파장에 어울리는 색깔이면 차분해질 것입니다. 거슬리는 색상이면 불안정해진다는 뜻이기도 하지요. 시끄러운 소음도 같은 결과를 초래할 것입니다.

　　황소자리 아이는 되도록 빨리 음악을 접하고 노래 수업을 받게 하는 것이 좋습니다. 대부분의 아이들이 부드러운 저음에 듣기 좋은 목소리를 가지고 있고 노래나 음악적 재능이 뛰어나므로, 어릴 때부터 재능을 키워 주면 자라서 음악을 전공하여 전문가가 될 수도 있습니다. 음악과 관련된 직업을 가지지 않더라도 아이는 방 안에서 음악을 듣는 것을 매우 좋아할 것입니다. 현대적인 음악이나 동요보다는 클래식 음악을 더 좋아합니다. 그림을 그리거나 색칠하기도 좋아하고 실제로 미술에 뛰어난 재능을 보이는 경우도 많습니다. 종이와 색연필을 많이 준비해 주세요. 자기를 표현하는 일이니 신이 날 것입니다.

선생님들은 황소자리 아이를 매우 신뢰합니다. 출생차트 상 다른 행성과 충돌하는 요소만 없다면, 황소자리 아이는 학교에서 매우 성실하게 생활하며 꼼꼼하게 공부하고 매사에 뛰어난 집중력을 보일 것입니다. 쌍둥이자리나 물병자리, 또는 양자리처럼 빨리 배우지는 않겠지만 걱정스러울 정도로 느리지는 않고, 교실 바닥에 침을 뱉는 일도 하지 않습니다. 비록 선생님 손가락이 연필 깎기에 끼면 웃음을 터뜨리기는 하겠지만요. 황소자리 아이들은 일반적으로 조용하고 순종적입니다. 천천히 배우는 편이지만 일단 머릿속에 들어오면 절대로 잊어버리지 않습니다. 시험 준비도 열심히 하므로 성적이 좋은 편입니다. 공정한 게임을 좋아하고 풍부한 상식과 훌륭한 판단력 덕분에 단체 활동에서 리더로 뽑히는 경우가 많습니다.

황소자리 아이는 그 고집 때문에 자기보다 윗사람에게 좋지 않은 추억을 선사하기도 합니다. 하지만 아주 가끔 있는 일입니다. 어린 황소자리 아들을 둔 어떤 엄마가 하루는 아이의 학교에 방문했다가 몹시 후회한 적이 있었습니다. 어린 황소자리 아들이 선생님 얘기가 틀렸다고 주장하면서 선생님을 난처하게 만든 것이지요. 교과서를 쓴 사람도 틀렸다고 주장했답니다. 그 다음날 엄마는 아이를 선생님 자리로 데리고 가 단호하게 명령했습니다. "선생님께 사과드려라." 이때가 아침 9시경이었죠. 시간은 흘러 정오가 되었답니다. 엄마는 교장실에서 아이에게 여전히 같은 말을 반복해야 했습니다. 엄마 목소리도 꽤 지쳐 있었지요. "선생님께 죄송하다고 말씀드려." 아이들이 모두 집으로 돌아간 늦은 오후, 학교 관리인은 교실마다 쓰레기통을 비우고 있었습니다. 교장실 옆을 지날 때 멀리서 거의 귀신 소리처럼 떨리는 목소리가 들려왔어요. "애야, 제발 선생님께 사과를 드려라." 이윽고 닫힌 문 사이로 회초리 소리가 새어 나왔습니다. 그러고는 조용해졌지요. 아이는 그 다음날이 되어서야 교실로 돌아왔습니다. 결국 사과는 하지 않았습니다. 선생님과 엄마 그리고 교장 선생님보다 오래 버틴 것이지요. 하지만 그 녀석은 우등생으로 졸업했답니다.

황소자리 아이가 그 육중한 발로 땅을 구르며 고집을 부리면 아무도 말릴 방법이 없다는 사실을 한번 인정하고 나면, 당신은 아이가 성장하는 모습을 즐겁게 지켜볼 수 있을 것입니다. 황소자리 아이는 놀이터에서 장난감 트럭을 가지고 놀다 흙투성이가 되어 돌아오고, 아무리 자주 씻겨도 머리카락에서 새똥 냄새가 날 것입니다. 하지만 절대로 구슬이나 카드를 잃어버리지 않습니다. 커서도 아빠 차를 몰고 나가서 공중전화 부스에 들이박는 짓은 하지 않습니다. 냉장고를 급습해서 저녁에 먹으려고 남겨 둔 치킨을 다 먹어 치우거나, 집 안에 새로 들여놓은 가구에 시큰둥해할지도 모릅니다. 하지만 어른이 되면 당신과 매우 잘 지낼 것입니다. 절대로 엄마의 생일을 잊지 않는답니다. 황소자리 딸은 나무에 기어오르다가 새로 산 원피스를 찢어 오기도 하고, 누군가 자기 물건을 망가뜨렸다고 울분을 참지 못하기도 할 것입니다. 하지만 당신이 빵을 구울 때 도와주고, 나중에 결혼하고 나서도 자주 찾아오거나 집으로 초대할 것입니다. 그리고 손자 손녀들도 예의바르게 행동할 것입니다.

당신의 어린 황소자리 아이를 아늑하고 사랑이 가득한 환경에서 키우기 바랍니다. 보이지 않는 울타리에 가두기보다는 눈에 보이는 애정으로 키우기 바랍니다.

소의 뿔을 너무 세게 잡아당기지 말고 자기만의 느긋한 속도로 풀을 뜯어먹게 하세요. 음악으로 귀를 채워 주고 아름다운 것으로 눈을 즐겁게 해 주세요. 그러면 아이는 언젠가 당신의 마음을 평화로움으로 채워 줄 것입니다. 끝내 사과를 받지 못한 선생님도 결국에는 아이를 용서해 줄 수밖에 없을 것입니다.

황소자리 사장

♉

도대체 저건 무엇이길래 이리 저리 명령을 해 대고
교훈을 복습하게 만드는 걸까?

나는 다시 그들에게 가서 복종하는 것이 나을 거라고 말했다.

당신의 사장이 잔소리도 하지 않고 호들갑을 떨지도 않
는, 사랑스럽기 그지없는 황소자리여서 한시름 놓이던
가요? 사근사근하고, 귀엽고, 순하기까지 해서 남들처럼
직장 상사에 대해 고민을 할 기회조차 없다고요? 사장이
당신 손바닥 위에 있다고 생각하시나요? 그렇다면 별자
리 공부를 시작한 덕분에, 조만간 닥쳐 올 재앙을 피할
수 있게 되었으니 참으로 다행입니다. 황소자리 사장을

대하는 원칙 제1번을 지금이라도 꼭 외워 두세요. '인내심을 너무 시험하지 말 것.'

이것은 생각보다 실천하기 어려운 원칙입니다. 당신의 사장이 전형적인 황소자리라면 인내심의 제왕일 테니, 당신을 자주 시험에 들게 할 것입니다. 사장의 태도가 평화롭고 차분해서 '호호 할아버지' 정도로 여기고, 귀여운 곰 인형처럼 대하며 속으로 이렇게 생각하겠죠. '저 사람은 고집이 좀 세긴 하지만 누굴 해칠 수 있는 사람은 절대로 아니야.' 당신은 『골디락스와 곰 세 마리』 이야기의 해피엔딩을 상상하면서 마음을 놓겠지만, 바로 그것이 당신이 절대로 해서는 안 되는 일입니다. 어쩌면 비극은 이미 시작되었을지도 모릅니다.

네. 저도 골디락스가 아빠 곰의 죽을 먹어 치우고, 안락의자에도 앉아 보고, 그의 침대에서 낮잠까지 자는데도 무사했다는 이야기는 알고 있습니다. 하지만 곰은 황소가 아닙니다. 혼동하지 마세요. 주식 시장에서 골디락스라는 용어를 사용한다고 해서 당신이 황소와 곰을 헷갈려서는 안 되지요. 곰은 숲 속에 살면서 가끔 꿀을 찾아다니지만, 황소는 농장에 살면서 가끔 자기를 들볶는 사람들을 쫓아다닙니다. 곰은 재미로 낯선 이들을 물수도 있지만 해치려는 것은 아닙니다. 장난치는 것이죠. 황소는 격노하면 분명한 의도를 가지고 농장을 쑥대밭으로 만들 수 있습니다. 매우 위험하죠. 동물학 공부는 여기까지입니다.

오늘은 무사히 보냈다고 해도, 내일은 무슨 일이 닥칠지 아무도 모릅니다. 내일이 오면 황소자리 사장의 인내심을 지나치게 시험한 지난 세월을 후회할지도 모릅니다. 사장의 좋은 마음씨를 너무 믿은 나머지 방심해서 저질렀던 불손함이라니, 주제넘게 나서지 말았어야 했는데 하고 후회할 것입니다. 왜 그렇게 행동했는지 이해는 합니다. 황소자리 사장 밑에 있는 직원들이 항상 저지르는 일이지요. 사장이 너무 온순하고 이해심이 많아서 보고서의 오타를 수정하지도 않고 그냥 제출하고, 반기 보고서에 숫자를 잘못 기입해도 너무나도 배려가 깊은 사장이 그냥 넘어가 주는 바람에 당신은 또다른 보고서에도 계산 실수를 남길 것입니다. 점심 시간에 30분을 더 쓰고 들어와도 사장이 소리를 치거나 째려보지 않기 때문에 다음에는 한 시간이나 늦게 들어올 것이며 나

중에는 두 시간이나 늦을 것입니다. 덧없는 행복에 빠져 들기란 참 쉬운 일입니다. 황소자리 사장의 느긋한 성격과 조용한 태도에 도취되어 그만 버릇이 잘못 든 거지요. 사무실 책상 위에 마치 '개조심'처럼 '성난 황소를 조심하자'라는 문구를 걸어 두는 것이 좋습니다. 머지않아 당신의 목숨이나, 아니면 적어도 당신의 일자리를 보전해 줄지도 모릅니다. 때로는 두 가지가 거의 같은 의미가 되지요. 당신 집 주인에게 이렇게 말할 수는 없을 테니까요. "죄송해요. 월세가 세 달이나 밀렸는데 아직 새 직장을 못 구했답니다. 지난 번 직장에서 아무런 예고도 없이 해고당했어요. 사장이 5월에 태어난 사람인데 지배행성이 금성이라는 사실에만 주목한 나머지 황소자리의 성미를 미처 알아채지 못했지 뭐예요. 그 끝내 주는 금성이 저를 완전히 바보로 만들었답니다." 이런 설명을 듣고 집 주인이 당신에게 당장 짐을 빼라고 하지 않는다면, 그건 『오즈의 마법사』에나 나올 법한 이야기이지요.

처음부터 별자리 지식을 활용하는 편이 나을 것입니다. 황소자리 사장이 오타투성이 보고서를 받고도, 점심 시간을 훨씬 넘겨서 들어와도 화를 내지 않았던 이유는, 다정한 곰 인형처럼 호락호락한 사람이어서가 아닙니다. 그렇다고 수줍음이 많고 소심해서 자기가 원하는 것을 표현하기 힘들었거나 자기의 권위를 행사하지 못해서는 더더욱 아닙니다. 몇 가지 실수를 가지고 야단법석을 피우면서 당신을 무안하게 만드는 것이 별로 의미가 없다고 생각했기 때문입니다. 당신이 같은 실수를 반복하는 일 따위는 하지 않을 정도의 상식(이 단어를 기억해 두세요.)은 있다고 생각했기 때문입니다. 지나간 실수를 스스로 만회할 수 있을 만큼 당신이 능력 있는 직원인지, 인내심을 가지고 지켜보기로 했기 때문입니다. 아, 그런데 쉽지가 않습니다. 황소자리의 인내심은 확실한 의도를 가지고 신중하게 계산되어 있습니다. 당신을 시험해 보면서 당신의 근성을 보여 줄 기회를 제공하려는 생각이었죠. 황소자리 사장은 스스로 규율을 지킬 줄 아는 사람을 높이 평가합니다. 본인도 자수성가한 사람이거든요. 당신에게 기꺼이 기회를 주려고 했는데, 당신은 어떻게 행동했지요?

황소자리 사장은 모든 직원에게 공정한 기회를 주고 싶어 합니다. 성급하게 직원들을 판단하려고 하지 않습니다. 하룻밤 사이에 기적이 일어날 거라 믿지도 않고, 직원이 자기의 방식과 엄한 규정들을 더디게 따라와도 별로 신경 쓰지 않습니다. 일단은 직원들이 각자의 방식으로 일할 수 있는 기회를 줄 것이며, 만일 당신이 어둠 속에서 헤매면 다른 대안을 찾아볼 것입니다. 하지만 사장의 궁극적인 목표를 순진하고 안일하게 받아들여서는 안 됩니다. 사장은 자기의 방식대로 일을 처리하고 싶어 합니다. 황소자리 사장의 방식은 이미 검증된 방법이어야 합니다. 그 방법으로 계속 돈을 벌 수 있다면 앞으로도 고수해 나갈 것입니다. 자기가 정해 놓은 틀에 맞는 직원을 찾기 위해 엄청난 인내심을 발휘할 각오도 되어 있답니다. 하지만 당신이 사장의 인내심을 지나치게 시험하면 그는 말이 없어지고 화가 나서 씩씩거리며 마침내 뱃속에서 우러나오는 큰 목소리로 "당신 해고야!"라고 소리칠 것입니다.(어조가 너무 강해서 크다고 느껴질 것입니다.) 사전 경고라고는 그 전날 당신이 명랑하게 아침 인사를 했을 때 사장이 응답하지 않았다는 정도일 것입니다. 당신을 해고하기로 결정한 이후에 마음이 바뀔 가능성은 전혀 없습니다. 황소자리가 한번 마음을 먹으면 그 어떤 것도 바꿀 수 없습니다. 어쩌면 퇴직금은 후하게 줄 수도 있습니다. 당신의 냉정한 집 주인이 당신을 쫓아내서 병든 어머니와 다섯 명의 자녀들이 눈 속에 거리로 나앉게 되는 것은 원치 않으니까요. 하지만 사장이 자기 아내만큼 소중하게 여기는 회사에서 당신의 역할이 제로라는 것을 확신하게 되면 당신에게 더는 기회를 주지 않을 것입니다. 사장이 매정하다고 할 수는 없습니다. 새 직장을 알아보기 위해 구인광고를 살펴보면서, 지난 몇 달간 당신이 사장의 믿음을 얼마나 많이 이용했는지 잘 생각해 보세요.

황소자리 사장은 철저하게 실용적인 사람입니다. 사업을 통해서 자기의 기질을 창조적으로 발현하는 것도 중요하지만 물질적인 성공을 이루려면 이것만으로는 충분하지 않습니다. 황소자리는 작은 회사에 절대로 만족하지 못합니다. 가능하다면 제국을 건설하고 싶어 하지요. 황소자리 사장은 조금씩이라도 사업을 키우지 못하면 만족할 수 없습니다. 짧은 시간에 극적인 성장을 이루기보다는 한 걸음씩 나아갈 것입니다. 한 방을 노리지 않고 차곡차곡 쌓아 올려서 마침내 자기의 제국을 건

설해 냅니다. 황소자리 사장은 당신도 자기처럼 한번 시작한 일은 반드시 끝내기를 바랄 것입니다.

너무 지름길로만 가려고 하지 마세요. 황소자리 사장은 그럴듯한 계획보다는 현실적인 계획을 좋아합니다. 황소자리 사장은 염소자리 사장보다도 부풀려 말하는 것을 참지 못합니다. 가장 좋아하는 문장 하나가 "그래서 요점이 뭔가요?"입니다. 하지만 악의를 가지고 비꼬는 말이 아니랍니다. 뭔가를 설명할 때 사전 설명을 장황하게 하면 황소자리는 초조해합니다. 물론 겉으로는 잘 드러나지 않을 거예요.

황소자리 사장이 당신의 기발한 제안을 듣고 아무런 반응을 보이지 않거나, 「포춘」지에 소개된 새로운 시스템을 도입하자는 제안을 반대하면, 당신은 정말 절망스러울 것입니다. 이해합니다. 진보적 아이디어를 제대로 듣지도 않고 덮어 버리는 것은 잘못이죠. 다른 회사가 먼저 그 아이디어를 채택해서 성공했다는 소식을 들으면, 당신이 사장을 쳐다보면서 우쭐해할지도 모르겠네요. 하지만 오랜 시간에 걸쳐 통계를 내 보면 결국에는 황소자리 사장의 점수가 높을 것입니다. 사장이 '미치광이의 몽상 같은 경솔한 도구'라면서 완고하게 거부했던 낙태용 시술 도구를 다른 회사에서 채택했는데, 문제가 생겨서 그 회사가 갑자기 부도나는 경우가 있지요. 그러면 당신의 잠시 우쭐했던 기분은 창피함으로 바뀌었다가, 성깔 있고 고집 세지만 친절하고 현실적인 황소자리 사장에 대한 존경심으로 마무리됩니다.

황소자리 사장은 보통 야구보다는 축구를 좋아하고, 시끄러운 논쟁보다는 평온함을 좋아합니다. 감정 싸움을 피하고자 언제나 차분하고 상식적인 토론을 시도합니다. 그렇다고 해서 황소자리 사장이 상상력이나 삶의 소소한 기쁨을 무시하지는 않습니다. 당신이 좋은 향수를 뿌리고 손톱을 분홍색으로 칠하면 사장도 매우 좋아할 것입니다. 가끔 어머니가 만들어 주신 밑반찬을 한 통 가져다 줘도 매우 행복해할 것입니다. 거창한 이름이나 명목을 내세우는 것은 황소자리 사장을 불편하게 할 뿐이지, 좋은 인상을 주지 못합니다. 황소자리 사장 밑에서 일하는 남성이라면 차분한 옷을 입고, 푸른 넥타이에 깔끔한 정장 구두를 신는 것이 좋습니다. 또한 다리를 책상 위에 올려놓지 말고 책상 밑에 가지런히 두는 것이 좋답니다.

적어도 1주일에 한 번쯤은 사장의 고집 때문에 짜증이 날 것입니다. 하지만 황소자리 사장은 자기의 기대에 부응하는 사람들에게 의리를 지키는 데에도 고집스럽다는 것을 기억해 두세요. 당신이 그런 사람이라면 그 위험한 황소를 더 이상 두려워하지 않아도 됩니다. 사장 앞에서 붉은 천을 흔들어 대며 반항하지만 않는다면, 사장은 당신을 매우 친절하게 대해 줄 것입니다. 벽돌을 한 짐 짊어지고 사장의 제국 건설에 동참하세요. 그러면 승진 걱정은 필요 없습니다. 하지만 지나친 요구는 받아 주지 않을 거예요. '호호 할아버지'는 당신 짐은 스스로 나르라고 하겠지만 짐이 너무 무거워지면 언제든지 도와줄 것입니다. 황소자리 사장은 강인하고 믿음직한 사람입니다.

황소자리 사장은 마음에 없는 말을 하지 않습니다. 사장에게 무슨 꿍꿍이가 있는지 고민할 필요가 없지요. 사장이 당신에게 '멍청하다'고 하면, 말대꾸하지 말고 빨리 떠나야 합니다. 반면에 사장이 "더 잘해 낼 거라고 믿네."라고 한다면 해고될 걱정은 하지 않아도 됩니다. 그

말은 당신이 충성심, 정직성 및 잠재성 테스트를 통과했
다는 뜻입니다. 당신이 우등생 명단에 오른 것이죠. 축
하합니다! 너무 자만하지만 않는다면 당신 앞에 밝은 미
래가 펼쳐질 것입니다.

황소자리 직원

☿

글쎄, 한 번도 들어 본 적은 없지만
정말 말도 안 되는 소리 같구나.

무엇보다도, 황소자리 직원에게 영업을 맡기지 않았기를 바랍니다. 만약 그랬다면 가능한 빨리 출생차트를 확인해 보기 바랍니다. 쌍둥이자리, 양자리, 사자자리 또는 물고기자리 행성이 있다면 하던 일을 계속 맡겨도 됩니다. 만일 그렇지 않다면 그 직원을 다른 부서로 슬그머니 전환시키는 것이 좋습니다.(절대로 강요해서는 안 됩니다.) 황소자리 직원은 영업사원으로서 고객들에게 그리 좋은 인상을 주지는 못한답니다. 고객을 대하는 태도가 보통 "필요하면 사시고요, 아니면 그냥 가세요." 같은 식이랍니다. 대부분의 황소자리 직원은 고객이 관심을 보여도 순발력 있게 대처하지 못합니다. 설득력 있게 표현하거나 기술적인 용어를 구사하는 재능이 별로 없습니다. "음……."이나 "흐음…….", "네?" 같은 말을 설득력 있고 기술적인 표현이라고 부르지 않는다면요. 그렇다고 능력이 떨어지는 것은 아닙니다만, 살까 말까 고민하는 사람들을 은근한 유혹과 압력으로 설득해서 계약하게 만드는 일을 하지 못할 뿐입니다. 오히려 계약하면 안 되는 이유를 잘 설명하는 사람들이지요.

황소자리 직원이 영업에 어울리지 않는 이유는 무엇보다도 안정감을 원하는 황소자리의 기본 욕구와 관련이 있습니다. 이들은 안정감이 위협받는 상황에 놓이면 그 어마어마한 잠재력을 차츰차츰 잃어 갑니다. 황소자리는 보상이 크지만 위험이 높은 쪽보다는, 매달 안전하게 고정 급여를 받는 쪽을 선호합니다. 실적에 따라 급여를 받는 황소자리 직원은 세상에서 가장 불행한 존재일 것입니다. 고정 급여와는 별도로 실적에 따른 보너

스가 있다면 황소자리의 성취욕을 자극할 수는 있지만, 그래도 영업직은 어울리지 않습니다.

물론 여기에는 앞서 언급했던 행성들의 영향과 더불어 고려해야 할 몇 가지 예외가 더 있습니다. 판매하는 제품이 견고하고 안정적이며 품질 보증이 잘 되어 있으면, 황소자리도 영업 활동에서 뛰어난 성과를 거둘 수 있습니다. 농업 장비, 트랙터, 비료 살포기, 트럭, 잔디 깎기와 같은 제품은 황소자리의 전문 분야입니다. 이런 장비를 사는 사람들은 황소자리와 관심사가 비슷하기 때문입니다. 황소자리 직원은 현금 또한 잘 다룹니다. 만약 당신이 은행업에 종사한다면 황소자리 직원에게 대출 업무를 맡겨 보세요. 탁월한 능력을 보여 줄 것입니다. 물론 대출을 받으러 은행에 온 사람에게 대출을 권하는 일은 그리 어렵지 않겠지만요.

황소자리가 영업직에서 빛을 발할 수 있는 분야가 몇 개 더 있습니다. 부동산 중개가 그 중 하나입니다. 황소자리는 사람들에게 집을 보여 주거나 땅의 가치를 설명할 때 매우 편안해합니다. 황소자리 직원은 집의 전망을 보여 주며 "음." 하고 말할 것이며, 조경을 어떻게 할 수 있는지 설명하면서 찬사의 의미로 그저 "흐음."이라 한 마디 할 것입니다. 그리고 배관이나 벽장 내부는 "으흠."으로 설명하고, 마지막으로 자금 마련 문제에 대해서는 "흠."으로 대신할 것입니다. 그러면 믿기 어려운 일이 일어납니다. 그 집에 관심을 보이던 고객이 "이 집으로 할게요."라고 말합니다. 황소자리 영업사원은 "네, 알겠습니다."라고 답하며 상황이 종료됩니다. 더 이상 다른 말이 필요 없답니다. 황소자리의 정직하고 믿음직스러운 모습이 집을 사려는 사람들에게 좋은 인상을 주기 때문입니다. 부동산 외에 교육에 관련된 영업직도 황소자리에게 적합합니다. 황소자리 직원은 탄탄한 기초와 사실에 근거한 지식을 열정적으로 신뢰합니다. 또한 미래를 대비해서 지식을 쌓는 일을 중요하게 여기기 때문에, 여학생에게도 공대 진학을 권유할 수 있습니다. 여학생이 공학을 전공하는 것에 대해 전혀 이상하다고 생각하지 않습니다. 황소자리의 실용성은 남녀를 차별하지 않는답니다.

동쪽별자리나 화성별자리가 쌍둥이자리라면 유능한 아나운서가 되기도 합니다. 황소자리의 듣기 좋은 목소리에 쌍둥이자리의 말재주와 매력이 합쳐지면, 미디어 분야에서 탁월한 능력을 발휘하게 된답니다. 그리고 적절한 행성이 양자리에 있을 때는 황소자리 태양과 환상적인 궁합을 이루어, 예외적으로 프로모션이나 홍보 분야에서 능력을 발휘하기도 합니다. 황소자리가 영업과 관련하여 능력을 발휘할 수 있는 분야는 이 정도입니다. 주목할 만한 다른 행성의 영향이 없다면, 황소자리는 대부분 영업보다는 차분한 성향의 업무에서 능력을 더 잘 발휘합니다.

그런 분야 중에 하나가 바로 정치입니다. 핵심을 정확하게 짚고 있기 때문이지요. 이 능력은 비즈니스 분야에서도 매우 유용합니다. 황소자리는 어떤 임무를 맡든 간에 성공하겠다는 단호한 의지로 업무를 장악하고, 결국은 성공할 것입니다. 천천히 일하면서 완벽을 추구하는 타입이며, 너무 방치하거나 다그치지만 않는다면 일을 완벽하게 해낼 것입니다. 책임이 막중한 직책일수록 황소자리에게 맡기는 것이 현명합니다. 황소자리보다 더 믿음직스럽고 확실하며 정직한 직원은 별로 없습니다. 자기만을 위해서 일하는 것이 아니라 회사가 성장하는 데에 기여하려고 노력할 것입니다. 게다가 황소자리는 성공한 이후에도 변함없는 태도로 일한답니다.

일반적으로 황소자리가 변화를 싫어하기는 하지만, 당신이 그를 회사에 영원히 붙잡아 둘 수 없는 예외적인 경우도 있습니다. 진득하지 못해서가 아니라 황소자리의 기본 성향 때문에 그만두는 것입니다. 그는 회사를 성장시키고 난 뒤에도 계속 남아서 당신을 위해 일하는 타입이 아니랍니다. 그보다는 자기의 힘을 기르고 부를 축적하는 것에 더 관심이 있지요. 복잡한 사업을 이끌어 가기 위해 계속 조직을 운영해 주거나 퇴직할 때까지 숨은 조력자 역할을 수행하기에는 황소자리가 자유를 너무 사랑합니다. 믿음직한 황소자리 직원이 회사에 기꺼이 남으려 할 수도 있지만, 복잡하고 세세한 일에 얽매여 있기보다는 뭔가를 계속 만들어 나가고 싶어 하는 기질을 누르기 어렵습니다. 본인이 계속 성장할 수 있는 동력을 회사에서 찾지 못하면, 언젠가는 황소자리의 강렬한 욕망을 좇아 스스로 기반을 닦아서 크건 작건 자기의 제국을 건설하려고 할 것입니다.

황소자리 직원은 모두 뛰어난 일꾼들입니다. 황소

자리의 가장 훌륭한 자질은 어떤 지시라도 불평 없이 기꺼이 받아들인다는 것입니다. 그렇게 행동하는 이유는 간단합니다. 명령을 내리는 보스가 되려면, 먼저 명령에 즐겁게 복종하는 사람이 되어야 한다는 신념이 있기 때문입니다. 황소자리가 타인의 권위를 존중하는 태도는, 자기가 윗사람이 되었을 때 부하 직원들이 자기의 지시에 복종해 주리라는 기대에서 비롯됩니다. 황소자리는 사장이 되면 명확하고 엄격한 아이디어와 방법론을 추구합니다. 그러므로 그가 당신 밑에서 일할 때는 당신이 한 가지 방식을 고수하려고 해도 이상하게 여기거나 불쾌해하지 않습니다. 그의 입장에서는 당신이 대장이니까요.

그런 태도는 분명히 긍정적이지만, 황소자리가 윗사람을 공경하고 묵묵하게 따르는 태도를 보고는 그를 맘대로 부려먹을 수 있다고 생각해서는 안 됩니다. 황소자리 직원은 자기를 조종하려 든다고 여겨지는 사람들을 교묘하게 회피하는 능력이 있습니다. 그의 얼굴을 자세히 들여다보세요. 공격적인 사람들이 자기를 몰아세울 때, 겉으로는 비위를 맞추고 있지만 속내가 얼굴에

드러날 것입니다. 황소자리는 결국 자기 방식대로 일을 합니다. 물불 가리지 않고 밀어붙이는 성향을 지닌 사람들을 이길 때까지, 느긋하게 기다릴 줄 알지요. 이런 인내심 덕분에 황소자리 직원이 성공할 가능성이 보다 높아집니다. 하지만 굴욕을 당하거나 그의 강한 자존심에 상처를 받으면, 냉정한 인내심은 사라지고 어린애처럼 고집을 부릴지도 모릅니다.

황소자리 직원이 한번 화를 내기 시작하면 점점 타올라서 마침내는 폭발하고 맙니다. 다행히 분노가 오래가지는 않지만 그렇게 분출하고 나면 불길한 느낌이 들 정도로 과묵해집니다. 그리고 그 원인이 당장 해결되지 않으면 그는 뒤돌아보지도 않고 떠날 것입니다. 황소자리가 문을 열고 나가면 그것으로 끝입니다. 다시 돌아와서 잘해 보려고 드는 일은 없습니다. 이럴 때 그를 설득할 수 있는 사람은 아무도 없답니다. 황소자리는 무엇이든 천천히 결정하지만, 일단 마음을 먹으면 다시 돌아보지 않습니다. 황소자리가 가는 길에 때늦은 후회란 없습니다. 황소자리가 매우 다감하고 사랑스러운 사람들이다 보니, 누군가와 사귀다가 헤어지면 절대로 돌아보지 않는 그들의 모습에 상처받는 사람들이 많습니다. 황소자리가 인내심을 잃어버리기까지 상당한 시간이 걸리다 보니, 사람들은 이들의 인내심이 사랑과 일 모든 면에서 영원하다고 믿는 어리석은 실수를 자주 범합니다.

특히 황소자리 여직원은 회사에서 정말 보물 같은 존재입니다. 전형적인 황소자리는 조용하면서도 위로하는 듯한 낮은 음성을 지니고 있습니다. 이들은 대체로 훌륭한 비서실장이 됩니다. 어떤 비상 사태에도 균형감을 잃지 않으며, 위기 속에서 진면목을 드러낸답니다. 다른 사람의 말을 받아 적는 속도는 좀 느릴 수 있습니다. 황소자리 여직원은 일사천리로 신속하게 일을 처리하는 스타일은 아니지만, '한다면 제대로 한다'라는 좌우명을 마음에 새기고 살아갑니다. 황소자리 여직원은 당신이 자신의 지론을 장황하게 설명하고 있어도 그 앞에서 하품을 하지는 않을 것입니다. 만약 그 아이디어가 실용적이라면 열렬하게 지지하면서 의견을 나눌 것입니다. 황소자리 여직원의 상식적이고 논리적인 관점은 참고할 가치가 있으니 귀 기울여 듣기 바랍니다.

주의할 것이 있습니다. 황소자리 여성은 일반적으

로 사내에서 남성들이 던지는 가벼운 유혹에 말려들지 않는답니다. 맞장구를 쳐 주고 깔깔대며 웃어 주기는 하겠지만 그녀의 따뜻하고 느린 듯한 유머 감각 뒤에는 남녀 관계를 진지하게 대하는 태도가 있습니다. 황소자리 여직원이 당신의 저녁 식사 초대를 두 번 이상 받아들였다면 주목할 만한 일입니다. 그녀는 이미 당신을 어느 비 오는 날 저녁에 드라이브나 할 연애 상대가 아니라 인생의 반려자로 고려하고 있다는 뜻이지요. 황소자리 여성은 배우자를 선택할 때 손익을 분명하게 따집니다. 당신이 황소자리 여성에게 남편감으로서 시험을 통과했다는 것은 당신이 이미 평범한 사람이 아니라는 뜻입니다. 회사에서 황소자리 여성의 관심을 받는 남성은 지켜볼 필요가 있습니다. 그 사람은 뭔가 다릅니다. 만약 사장인 당신이 바로 그 사람이라면, 아마도 곧 훌륭한 비서를 한 명 잃겠지만 아주 특별한 아내를 얻어서 앞으로 승승장구하게 될 것입니다.

황소자리 여성과 함께 일하는 것은 늘 즐겁습니다. 그녀는 좋은 향기가 나고, 차림이 좋고, 자애롭고, 무엇보다도 담배를 피우지 않습니다.(달별자리나 동쪽별자리가 양자리인 경우에는 담배를 피울 확률이 높고 목소리가 좀 큰 경향이 있습니다.)

황소자리는 남녀 모두 밖에서 자는 것을 싫어하고, 본인들도 늘 그렇다고 얘기합니다. 그래서 대부분 휴가를 집에서 보낼 때가 많습니다. 달별자리가 쌍둥이자리이거나 동쪽별자리가 사수자리인 경우를 제외하면, 황소자리 집 마당의 잔디는 언제나 옆집보다 더 푸르고 무성합니다. 황소자리 직원은 휴가 기간에 꽃그늘 아래 해먹에 누워 레모네이드를 마시다가도, 회사에 긴급 상황이 발생했다는 연락을 받으면 아무렇지도 않게 웃으며 출근해서 기꺼이 일을 도와줄 것입니다. 하지만 너무 자주 이용하지는 마세요. 무리한 요구를 반복하면 황소자리 직원의 인내심은 한계에 다다르고, 결코 맞이하고 싶지 않은 결과를 보게 될 것입니다. 적당한 선에서 그만하는 것이 좋습니다.

황소자리는 원예사나 목축업, 슈퍼마켓, 식품 도매업 같은 직종에서도 즐겁게 일할 수 있습니다. 좋은 의사나 엔지니어가 되기도 합니다. 예술 분야에 종사하는 것도 매우 만족스러워합니다. 음악 소리나 미술 작품의 아름다움에 자석처럼 끌려 들어갑니다. 경제적 보상과 안정적인 기반이 보장된다면, 감각을 사용하는 창조적인 일을 매우 만족스러워할 것입니다. 황소자리 작곡가는 대부분 첫 번째 히트곡이 나오기 전까지는 몹시 비참합니다. 하지만 음반 제작이나 편곡과 같이 비교적 안정적인 업무에 자신의 창조적인 재능을 결합시킨다면 놀라운 결과를 만들어 낼 수 있습니다. 그래서 황소자리 가수나 작곡자가 제작 쪽으로 방향을 트는 경우를 많이 볼 수 있습니다.

황소자리는 기회가 무궁무진하게 널려 있는 비옥한 초원을 발견하면 좀처럼 다른 곳으로 눈을 돌리려고 하지 않습니다. 대신에 수 년 간 그 분야에 헌신하면서 관련 지식을 검토하고 습득합니다. 황소자리는 그 직업이 미래가 있다는 확신이 들거나, 자기에게 편안하고 잘 맞으면 많은 것을 참아 낼 수 있습니다. 황소자리는 수확이 있을 때까지 불굴의 인내심을 발휘하지만, 그러기 위해서는 자기가 그 일의 중심에 있어야 한다는 전제조건이 만족되어야 합니다. 절대로 변두리에서 불안하게 풀을 뜯으며 틈을 보고 있지는 않습니다. 황소자리가 자기 내면에 숨어 있던 성공과 안정을 향한 욕구를 감지하고, 또 도약할 수 있는 지점에 자리 잡고 나면, 자신감을 가지고 앞으로 돌진합니다. 그러면 아지랑이처럼 변덕스럽고 손에 잘 잡히지 않는 성공의 여신이 그를 절대로 지나치지 않습니다. 황소자리는 성공한 뒤에도 결코 자만에 빠지지 않습니다. 여신을 자기 옆에 꽉 붙들어 놓고 평생 사랑을 나눌 것입니다.

글을 마치며

당신은 끝없는 우주입니다

바빌론까지는 얼마나 멀어요?
60마일하고도 10마일 더 가야지.
촛불만 들고 갈 수 있을까요?
물론이지, 돌아올 수도 있는 걸!
—마더구스 중에서

마더구스의 순백색 깃털을 흔들고 그 이상한 주파수에
채널을 맞추면, 지혜로운 마더구스가 비밀을 보여 줄지
도 모릅니다. 언뜻 유치하게 들리는 마더구스의 자장가
에는 숨은 보석 같은 지혜가 담겨 있을 것입니다.

바빌론이 얼마나 멀리 있냐고요? 칼레도니아의 샌
들 신은 사람들의 시대나 보석을 걸치고 향수를 뿌린 이
집트 파라오의 시대에서부터 우주 시대까지는, 혹은 사

라진 아틀란티스 대륙 시대에서부터 제트 항공기 시대인 21세기까지는 어마어마한 시간의 흐름이 있다는 것을 알겠습니다. 하지만 실제로 그 시절이 얼마나 멀리 있는 걸까요? 어쩌면 한두 번 꿈을 꾸고 나면 닿을 수 있는 거리인지도 모릅니다.

과학 분야 중에서 유일하게 천문해석학만이 그 오랜 세월 동안 온전하게 이어져 오고 있습니다. 그 세월 동안 변치 않고 우리 곁에 남아 있다는 사실에 놀랄 필요는 없습니다. 천문해석학은 진실이고, 진실은 영원하니까요. 문명이 처음 생길 때부터 마치 모든 여성들과 남성들의 목소리가 메아리치듯이 오늘날 현대에도 똑같은 말이 반복되고 있지요. "금성이 당신의 지배행성인가요?", "저는 황소자리로 태어났어요.", "당신의 수성도 쌍둥이자리인가요?", "그 사람이 물병자리인 걸 모르시겠어요?"

천문해석학은 우리에게 행성 탐험이라는 흥미로운 미래를 마련해 주는 동시에 우리를 아련한 과거와 연결해 주는 황금 끈입니다. 과거에 황당한 미래 사회에 대한 글을 쓰거나 영화를 만들었던 사람들이 사실 몽상가가 아니었음이 증명되고 있습니다. 너무나도 환상적인 영화 〈벅 로저스〉*는 모든 분야의 과학보다 진보한 이야기를 다루었으며, 이 우주에는 우리가 상상하는 것보다 훨씬 많은 것이 존재한다는 사실을 일깨워 주었습니다. 만화책 주인공이었던 딕 트레이시가 사용했던 양방향 손목 무전기는 이제 더 이상 환상이 아니라 현실이 되었지요. 문 메이드**의 가장 강력한 무기는 레이저 광선이라는 기적과 맞아떨어지면서 납을 물처럼 흐르게 하고 인간이 알고 있는 어떤 단단한 물질도 뚫을 수 있게 되었습니다. 쥘 베른Jules Verne과 플래시 고든Flash Gordon 은 상당히 매력적인 예언가로 평가받고 있습니다. 바다 속 심연과 그보다 훨씬 먼 지구 위 하늘에는 중요한 비밀이 숨어 있다는 사실도 이제는 과학으로 밝혀졌지요.

공상과학 작가나 만화가가 연구실에 있는 과학자보다 과거와 현재 그리고 미래 사이의 실제적인 거리감에 대해 더 잘 알고 있는 걸까요? 아인슈타인 박사는 시간

* 벅 로저스(Buck Rogers): 1939년 미국에서 제작된 공상 과학 영화.
** 문 메이드(Moon Maid): 에드거 라이스 버로스의 판타지 소설 『The Moon Maid』의 주인공.

이 상대적이라는 사실을 알아냈습니다. 시인들도 항상 알고 있었고, 과거로부터 전해 내려오는 현자들도 알고 있었습니다. 그 메시지는 새로운 것이 아니었죠. 요즘처럼 천문해석학에 관심이 쏟아지기 훨씬 이전에도 플라톤, 톨레미, 히포크라테스, 그리고 콜럼버스는 천문해석학의 지혜를 존중했고 갈릴레오, 벤 프랭클린, 토머스 제퍼슨, 아이작 뉴턴, 그리고 카를 융 같은 사람들도 천문해석학을 가까이했습니다. 존 퀸시 애덤스 대통령도 그 중 한 명이며 위대한 천문학자 튀코 브라헤, 요하네스 케플러도 추가해야 합니다. RCA* 회사의 천재 연구원 존 넬슨, 그리고 퓰리처 수상에 빛나는 존 오닐 등도 있습니다. 이들 모두 고등교육을 받은 사람들이지요.

1953년 노스웨스턴 대학의 프랭크 브라운 주니어 교수는 굴을 가지고 실험을 하는 과정에서 정말 놀라운 사실을 발견했습니다. 지금까지 과학계에서는 굴이 껍데기를 열고 닫는 주기는 태어난 장소의 조수간만 주기

---

* RCA(Radio Corporation of America): 1932년 설립된 미국의 전자 기업으로 미국 내에 라디오와 텔레비전을 보급했다. 1986년 제너럴 일렉트릭(GE)에 인수되었다.

를 따른다고 추정해 왔습니다. 하지만 브라운 박사가 롱아일랜드 해협에서 채집한 굴을 일리노이 주의 에반스턴에 있는 연구실 수조에 가져다 놓았을 때 이상한 일이 벌어졌습니다.

굴을 옮겨 놓은 곳은 항상 일정한 온도를 유지하고 늘 희미한 조명을 켜 둔 상태였습니다. 처음 2주 동안 그 옮겨진 굴은 1000마일 떨어져 있는 롱아일랜드 해협의 조수간만에 따라 껍데기를 열고 닫았습니다. 그러다 갑자기 껍데기를 굳게 닫고는 몇 시간 동안 그대로 있었습니다. 굴이 향수병으로 인해 껍데기를 닫아 버렸다고 브라운 박사 연구팀이 결론 내리려고 할 즈음 이상한 일이 생겼습니다. 굴이 다시 껍데기를 연 것입니다. 롱아일랜드 해협 밀물 시간에서 정확하게 4시간 뒤인 에반스턴 밀물 시간에, 마치 해변에 있는 굴처럼 껍데기를 열었습니다. 새로운 주기가 시작되었습니다. 자신의 리듬을 새로운 지리적 위도와 경도에 맞췄습니다. 도대체 어떤 힘이 작용했을까요? 물론 달의 힘이죠. 브라운 박사는 굴의 에너지 주기가 밀물과 썰물을 통제하는 신비한 달의 신호에 의해서 움직인다고 결론 내릴 수밖에 없었습니다.

이와 마찬가지로 인간의 에너지와 정서적 주기도 여러 행성들로부터 오는 훨씬 더 복잡한 전자기 네트워크에 영향을 받습니다. 과학계에서는 달의 인력으로 인해 바다에서 조수간만의 차가 발생하는 것으로 인식하고 있습니다. 신체의 70퍼센트가 물로 구성되어 있는 인간이 그런 강력한 행성의 인력에 영향을 받지 않을 수 있을까요? 우주 비행사들이 행성에 다가갈 때 느끼는 엄청난 전자기력의 영향은 익히 알려진 사실입니다. 달의 인력은 여성들의 월경 주기나 출산에도 영향을 미친다고 알려져 있고, 정신병원 환자들이 달의 영향을 받는다는 의사와 간호사들의 반복되는 증언도 있습니다. 보름달이 뜨는 날에는 경찰도 힘들어한다는 얘기를 들어 보셨는지요? 농사력에 나오는 조언을 무시하고 지지대를 박거나 돼지를 잡거나 작물을 심는 농부가 있을까요? 달과 행성들의 움직임은 의회에서 논의하는 세금 문제만큼이나 중요한 문제입니다.

모든 행성 중에서도 달의 인력이 가장 두드러지고 극적인데, 그것은 달이 지구에서 가장 가깝기 때문입니다. 하지만 태양을 비롯해서 금성, 화성, 수성, 목성, 토성, 천왕성, 해왕성, 명왕성도 아주 멀리서 그 영향력을 분명히 행사하고 있습니다. 과학자들은 식물과 동물이 어떤 규칙적인 주기에 영향을 받는다는 사실을 인식하고 있는데, 그 주기는 바로 공기 중에 있는 자장이나 기압의 변동 그리고 중력과 같은 힘에 의해서 결정된다고 합니다. 지구에 영향을 미치는 이러한 힘은 별의 보이지 않는 파장이 날아오는 우주에서부터 비롯됩니다. 달의 변화, 감마선·우주선·엑스선 샤워, 배 모양 전자기 파장의 맥동, 그리고 외계로부터 오는 여타의 영향력들은 우리를 둘러싸고 있는 대기권을 지속적으로 뚫고 쏟아져 내리고 있습니다. 지구상에 있는 어떤 생명체나 광물도 그것을 피할 수 없으며 우리 인간도 마찬가지입니다.

예일대 의대 해부학 박사인 해럴드 버는 복잡한 자기장이 인간의 출생 시에 어떤 패턴을 형성하는 것뿐만 아니라 사는 동안 그 패턴을 통제한다고 언급했습니다. 버 박사는 또한 인간의 중추신경계는 전자기 에너지를 매우 잘 흡수하는, 자연계에서 가장 예민한 기관이라고 말했습니다.(인간은 굴보다 좀 더 멋있게 걷기는 하지만 굴과 똑같은 진동 소리를 듣는다는 말이지요.) 또한 우리 뇌 속에 있는 세포 10만 개는 전기가 흐를 수 있는 무수히 많은 회로를 형성하고 있습니다.

그러므로 우리 몸과 뇌 속에 있는 미네랄과 화학 물질 및 전기적인 세포는 태양의 흑점, 일식 그리고 행성의 움직임에서 발생하는 모든 영향에 반응합니다. 인간도 다른 모든 살아 있는 유기체와 마찬가지로 우주의 끊임없는 밀물과 썰물에 반응합니다. 하지만 인간은 고유의 자유의지가 있기 때문에 그런 외부의 영향력에 구속될 필요는 없습니다. 다시 말해서 우리의 정신은 이러한 행성들의 영향보다 더 우위에 있다는 뜻입니다. 그러나 불행하게도 우리 대부분은 자유의지(정신의 힘이지요.)를 사용하지 못하고 있고, 우리의 운명을 미시건 호수나 옥수수자루만큼이나 제어하지 못하고 있습니다. 천문해석가의 목표는 사람들이 인생의 급류에 그냥 쓸려 다니지 않고 그 흐름에 맞서 싸우는 방법을 얻도록 도와주는 것입니다.

천문해석학은 과학인 동시에 예술입니다. 비록 많은 사람들이 그 기본적인 사실을 무시하고 싶어 하지만 결코 간과할 수 없습니다. 많은 천문해석가들은 사람들이 천문해석학과 관련한 직감만을 언급하는 것에 대해 분노하고 있습니다. 천문해석가들은 직감과의 연관성을 언급하는 말에 대해서 '천문해석학은 수학에 기초한 정확한 과학이다. 절대로 직감력과 동일선상에서 언급되어서는 안 된다.'라고 강력하게 주장합니다. 저는 그들의 의견도 진정성이 있다고 생각하지만, 왜 그 두 가지를 전혀 다른 것으로 구분해야 하는지 계속 의문이 듭니다. 오늘날에는 문외한들도 자신의 초능력을 알아보기 위해서 책이나 게임 또는 연구 실험을 시도하고 있습니다. 천문해석가라고 그러지 말아야 한다는 법은 없습니다. 육감을 가지고 있거나 개발하고 있는 소수의 사람들을 닭이 머리를 모래에 숨기듯 모른 척해야만 할까요?

천문해석학의 출생차트 계산이 수학적 데이터와 천문학적 사실에 근거한다는 점을 고려한다면 천문해석학은 정확한 과학입니다. 의학도 사실과 연구에 기초한 과학입니다. 그럼에도 불구하고 모든 훌륭한 의사들은 의학이 또한 예술이라는 점을 인정하고 있습니다. 의사들은 직감적 진단을 하는 동료들이 있다는 것을 인식하고 있습니다. 내과 의사들은 개인마다 정도의 차이는 있지만 의학적으로 입증 가능한 사실을 해석함에 있어서 그들에게 막대한 도움을 주는 예민하고 특별한 감각이 있다고 말할 것입니다. 의학적 이론을 종합하여 환자의 개인 이력과 관련된 실험 결과를 해석하는 것은 공식처럼 미리 결정되어 있지 않습니다. 의사의 직감적 통찰력이 없이는 불가능한 과정입니다. 그렇지 않다면 의학은 그냥 전산화하면 그만일 것입니다.

음악도 또한 엄격한 수학 법칙이라는 과학적 토대가 있는 분야로, 코드 진행에 대해 공부해 본 사람이라면 누구나 알고 있을 것입니다. 간주곡들은 논쟁의 여지 없이 수학적 비율에 의해 결정됩니다. 하지만 음악 역시 예술이지요. 누구나 〈월광〉이나 〈바르샤바 협주곡〉을 배울 수는 있지만 벤 클리번의 연주가 다른 사람들과 다른 것은 그 감각 또는 직감적 통찰력의 차이일 것입니다. 음표와 화음은 언제나 수학적으로 정확하게 똑같습니다. 하지만 그에 대한 해석이 다른 것이죠. 이것이 바로 과학이라는 단어의 정의와는 전혀 관계가 없는 명확한 현실입니다.

천문해석학을 남에게 가르칠 수 있을 정도로 아주 훌륭하게 공부하는 지적인 사람들도 있지만, 천문해석학이라는 과학을 예술의 경지로 끌어올릴 수 있는 감각적 해석이나 직감적 통찰력을 겸비하는 사람은 많지 않습니다. 물론 정확하고 도움이 될 만한 천문해석학 분석을 제공하기 위해 심령술사나 영매가 될 필요는 없지만, 천문해석가의 직감력은 분명히 출생차트를 종합하고 분석하는 데에 도움을 주는 자산이 됩니다. 물론 그런 직감력이 있는 천문해석가도 기본적으로 수학 계산에 능숙해야 하며 자신의 예술에 있어 과학적인 기본 사항을 엄격히 준수하는 태도가 있어야겠죠. 그런 천문해석가는 의식적인 능력과 무의식적인 능력을 잘 조합하여 사용하기 때문에, 당신은 유능하고 전문적인 천문해석가들을 두려워할 필요가 없습니다. 오히려 그런 사람을 만날 수 있다면 행운이지요. 어떤 분야에서든 예민한 통찰력을 보유한 사람은 드물답니다.

요즘에는 천문해석학의 인기가 높아지면서 갑자기 돌팔이 천문해석가들이 많이 나타났지만, 정말로 필요한 제대로 된 천문해석가와 스승은 많지 않습니다. 가까운 미래에는 천문해석가가 유수의 대학에서 '별의 과학'을 전공한 전문가로 인식될 날이 올 것입니다. 행성들이 인간의 행동에 미치는 영향에 대한 중요한 연구는, 옛날 유럽에서 그랬던 것처럼 주요 대학에서 교과목으로 가르치게 될 것입니다. 천문해석학을 가르치고 연구할 수 있는 능력이나 개인차트를 분석할 수 있는 능력이 출생 차트에 나타나는 학생들만 받게 될 것이며 그 과정은 법대나 의대만큼이나 어려울 것입니다. 자기장, 기후 조건, 생물학, 화학, 지질학, 천문학, 수학, 사회학, 비교종교학, 철학, 심리학도 공부해야 하고 천문 차트를 계산하는 방법과 해석하는 방법도 공부해야 하며 졸업생들은 천문해석가(D.A.S: Doctor of Astral Science)라는 자격을 부여받아야 간판을 걸 수 있을 것입니다.

현재의 연구 단계에서 초보자들이 천문해석학에 가장 안전하고 타당하게 접근할 수 있는 방법은 열두 개 태양별자리에 대해 완벽하게 공부하는 것이며, 이것은 마치 응급조치나 건강 상식을 공부해서 의학이론에 익숙해지는 것과 마찬가지입니다.

언젠가 인류는 천문해석학, 의학, 종교, 천체물리

학, 정신과학이 모두 하나라는 사실을 발견할 것입니다. 그 모든 것이 합쳐져야 비로소 완벽한 전체를 이루게 됩니다. 그때까지 각 분야는 조금씩의 결함을 가지고 있을 것입니다.

천문해석학에는 서로의 의견이 충돌하는 혼란스러운 부분이 있습니다. 바로 환생에 대한 의견입니다. 오늘날에는 누구나 긍정적이든 부정적이든 윤회설에 대한 의견이 있을 것입니다. 물병자리 시대로 들어가는 20세기에는 여기저기에서 점괘판이나 잔 딕슨*에 대한 이야기를 듣게 됩니다.

전문적인 천문해석가들은 윤회설 또는 카르마를 바탕에 깔고 해석하지 않으면 천문해석학은 불완전한 것이라고 믿고 있고, 저 또한 그렇습니다. 윤회설을 강하게 부인하는 사람들이, 특히 천문해석학이 상대적으로 낯선 서양에 많이 있습니다. 천문해석학을 활용하기 위해서 반드시 환생 이론을 받아들여야 하는 것은 아닙니다. 또한 전생 혼의 존재는, 아무리 논리적으로 설명하

---

* 잔 딕슨(Jeanne Dixon, 1904~1997) : 미국의 유명한 점성가이자 심령술사.

더라도 과학적으로 규명된 적이 한 번도 없습니다.(문서로 남긴 설득력 있는 정황 증거와 성경이 있기는 합니다.) 환생은 그 특성상 확실하게 손에 잡히는 증거를 영원히 확인할 수 없을지도 모릅니다. 고대인은 진화한 영혼이 끊임없이 다시 태어나는 환생 주기를 끝내려면 카르마의 진실을 추구하는 단계에 도달해야만 한다고 가르쳤습니다. 그러므로 환생을 믿는 것은, 우주에서 환생이 존재하고 있다는 것과 현생의 삶에서 그 카르마가 말하는 의무가 어떤 의미인지 찾을 수 있는 진화한 영혼에게는 선물이자 보상입니다. 그 깊은 신비가 증명되면 개개인이 스스로의 의지로 그것을 발견하기 위해 애쓸 필요가 없어지기 때문에, 영원히 증명되지 않고 각자 자신의 마음속에서 환생에 대한 답을 찾아야 하는지도 모릅니다. 하지만 스스로 찾기 위해서는, 다른 사람들이 무엇이 거짓이고 무엇이 참인지 발견해 놓은 지식을 배워야만 할 것입니다. 놀라운 예언가인 에드거 케이시에 대한 책이 호기심 많은 초심자들의 이해를 도울 만하고, 환생에 대해서는 훌륭한 책들이 많이 나와 있으니, 몇 권 골라서 본다면 여러분이 스스로 환생이 고려할 만한 가치가 있는 주제인지 아니면 단순한 사술인지 생각을 정리하는 데에 도움이 될 것입니다. 이것이 우리가 직접 찬반양론을 철저하게 조사하고 삶과 죽음에 대한 문제에 접근하는 유일한 방법일 것입니다.

현대에는 보이지 않는 영향력에 대한 관심이 새롭게 일어나고 있으며, 독심술에 대한 관심이 그 좋은 예라고 할 수 있습니다. 미국항공우주국에서는 지구와 우주 비행사 사이의 통신이 두절되는 상황에 대비하기 위해 막대한 자금을 투자하여 선별된 우주 비행사들을 대상으로 감각적 인식을 통해 메시지를 전달할 수 있는지 확인하는 초감각적 지각 실험을 진행하고 있습니다. 이런 연구 분야에서 러시아가 미국보다 훨씬 앞서 있는 것으로 전해지는데, 이것을 보면 독단적이고 물질주의적인 사고를 배제해야 하는 이유를 알 수 있습니다.

사람들 사이의 이런 보이지 않는 파장에 대한 성공적인 실험결과 덕분에 의사들도 관심을 가지게 되었습니다. 의학계는 암이나 패혈증, 인두염과 같은 질병이 정신적·감정적 긴장으로 유발된다는 사실을 오래 전부터 인정해 왔으며, 오늘날에는 환자의 성향이 암의 진전과 분명한 관계가 있다는 이론을 확립하고 있습니다. 최근 기사에서는 저명한 의사들이 정신과 의사들과의 협력을 통해 어떤 환자가 질병에 예민한지 사전에 확인해서 질병을 조기에 치료하거나 예방할 수 있도록 해야 한다는 주장이 나왔습니다. 하지만 천문해석학에서는 질병이 정신과 감정에 의해 발생하며 그러므로 정신과 감정을 통해 통제하거나 제거할 수 있다는 것을 오래 전부터 인지해 왔습니다. 또한 특정 행성의 영향을 받는 순간에 태어난 사람은 특정 질병이나 사고에 노출될 확률이 높거나 또는 반대로 면역성을 가지고 있다는 사실 또한 알고 있었습니다. 환자의 출생차트 상에 행성들의 위치와 각도를 보면 의학에서 찾는 지식을 잘 알 수 있답니다.

고고학과 인류학에서 발견한 내용에 의하면 고대이집트에서는 천문해석가이자 의사인 사람들이 고도의 기술로 뇌수술을 했던 것으로 밝혀졌습니다. 오늘날에도 진보적인 의사들은 고대 그리스 의사들이 했던 방법을 따라 달이 이동하는 별자리를 남몰래 체크하기도 합니다. 고대 의사들은 히포크라테스 계율에 따라 '달별자리에 해당하는 신체 부위나 달이 90도 혹은 180도를 맺는 신체 부위에는 칼을 대지 않는다.'라는 내용을 실천했습니다. 의학적인 천문해석학과 그 가치에 대해서는 질병의 원인과 예방 차원에서 논의해야 할 부분이 많고 또한 워낙 방대한 주제이므로 별도의 책에서 다루어야 할 것입니다.

의학계뿐만 아니라 일부 여행사나 보험 회사, 항공사에서도 치명적인 항공기 충돌 사고가 탑승객과 승무원의 출생차트와 관계있는지 은밀하게 조사하고 있습니다. 우리는 고대의 지식으로부터 물질적 사고 방식으로 후퇴했다가 많은 시간이 흘러 다시 진실로 나아가고 있습니다. 세월이 흐르면서 행성들은 그 장엄하고 확고한 궤도를 변함없이 유지하고 있습니다. 고대 바빌론의 하늘과 베들레헴의 하늘에서 빛나던 별들은 지금도 엠파이어스테이트 빌딩 위에서 또는 동네 뒷산 하늘 위에서 여전히 빛나고 있습니다. 그 별들은 수학적으로 정확한 주기를 가지고 있고, 여전히 인간을 포함한 이 지구 위에 있는 모든 생명체에 영향을 미치고 있으며, 지구가 존재하는 동안에는 앞으로도 변함없이 그럴 것입니다.

천문해석학은 운명론이 아니라는 점을 항상 기억해 주시기 바랍니다. 별은 어떤 경향을 부여할 뿐 강요하지는 않습니다. 우리 대부분은 행성과 출생차트의 영향뿐만 아니라 주변 환경과 물려받은 유전적인 환경에도 맹목적으로 순종해야 하고 이러한 환경의 힘이 우리보다 더 강력하다고 생각하는 경향이 있습니다. 우리가 이런 모든 요소들에 대해 통찰력이 없기 때문에 저항도 하지 않는 것이죠. 그럴 때, 우리의 별자리는 마치 지문처럼 우리에게 맞아떨어집니다. 우리는 우리를 움직이는 그 힘을 경멸하든 무시하든 간에 인생이라는 체스 게임에서 말처럼 움직여집니다. 하지만 누구든 태어날 때의 환경상의 어려움은 극복할 수 있습니다. 우리의 의지력이나 정신력을 이용하여 누구든 자신의 기분을 조절하고 인성을 변화시키고 자신의 환경과 태도를 제어할 수 있습니다. 이렇게 할 수 있을 때 우리는 비로소 체스판의 말이 아니라 그 말을 움직이는 주체가 됩니다.

당신은 "나는 태어날 때부터 그런 힘이나 능력이 없어."라고 말하면서 별을 따르는 것을 주저하시는지요? 당신은 보이지도 들리지도 말하지도 못하는 자신을 극복하기 위해 심원한 내면의 의지력을 발휘했던 헬렌 켈러보다 더 많은 것을 가지고 태어났습니다. 헬렌 켈러는 자신의 출생차트 상의 어려운 요소들을 명예, 부, 존경 그리고 수많은 사람들에 대한 사랑으로 바꾸었으며, 그렇게 행성들의 영향력을 극복했습니다.

두려움 때문에 내일을 바라보지 못하시나요? 무지개에 닿기도 전에 우울함과 비관주의가 당신의 무지개를 회색빛으로 물들이나요? 미국 영화배우였던 퍼트리샤 닐은 우울함과 불안함을 강철 같은 정신력으로 탈바꿈시켰습니다. 그녀는 비극 앞에서도 미소를 보였고 그 미소는 치명적인 마비 증상까지도 날려 버릴 만큼 충분한 감정적인 에너지를 발산해서 의사들도 깜짝 놀라게 만들었지요.

신문 지상에서 떠들어 대는 것처럼 미국이 냉전 시대, 국민적 혹은 국제적 몰이해, 범죄율 증가, 불평등, 편견, 도덕적 해이, 윤리 상실, 그리고 어쩌면 핵폭발로 곧 사라질 위기에 처해 있다고 걱정하고 계시나요? 윈스턴 처칠도 개인적으로 그리고 국가적으로 패배에 직면한 적이 있었죠. 하지만 그는 눈을 반짝거리면서 강철 같은 의지를 품고 마음속으로 기도를 했습니다. 이 세 가지로 그는 한 사람의 용기가 수많은 사람들에게 맹목적인 낙관주의와 굳건한 힘을 일깨워 주는 기적을 일구어 냈습니다. 결과적으로 그런 파장은 공포를 녹여 버리고 세상에 영감을 주었으며 승리를 이끌어 냈습니다. 처칠은 자신과 자신의 국가가 체스판의 말이 되기를 거부하였던 것입니다.

그런 사람들은 특별한 경우라고 생각하시나요? 당신도 기적을 만들어 낼 수 있습니다. 누구나 할 수 있습니다. 당신에게도 강력한 행성들의 전자기력에 대한 면역력을 기를 수 있는 충분한 힘이 있습니다. 그럼에도 불구하고 너무 쉽게 포기해 버리고 당신의 잠재력을 깨닫지 못한다면 정말 안타까운 일이지요.

증오와 두려움을 정복하고 나면 우리의 의지는 자유로워지고 엄청난 힘을 발휘할 수 있게 됩니다. 이것이 바로 말 없는 별들에 담겨 있는 당신 출생의 메시지입니다. 그러니 귀를 기울여 보세요.

어떤 고대 전설에서는 힘과 주술적 비밀을 알고 싶어서 현명한 마술사를 찾아가는 남자의 이야기가 있습니다. 마술사는 그를 맑은 호숫가로 데리고 가서 무릎을 꿇게 했지요. 그러자 그 현명한 마술사는 사라져 버리고 혼자 남겨진 그 남자는 물 속에 비친 자기 모습을 보게 되었습니다.

"내가 하는 것을 그대도 할 수 있다.", "구하라, 그러면 얻을 것이다.", "두드려라, 그러면 열릴 것이다.", "진실을 추구하라, 진실이 너희를 자유롭게 하리라."

바빌론까지는 얼마나 멀어요?
60마일하고도 10마일 더 가야지.
촛불만 들고 갈 수 있을까요?
물론이지, 돌아올 수도 있는 걸!

이것은 시일까요 아니면 수수께끼일까요? 이 우주 속에 있는 모든 것은 우주 법칙의 일부이며 천문해석학은 그 법칙의 기본입니다. 천문해석학에서 종교와 의학, 천문학이 생겨난 것이지 그 반대가 아닙니다.

고대 그리스의 도시였던 테베에는 열두 별자리가 조각되어 있는데 아주 오래된 것이라 정확한 기원은 알

수 없습니다. 아틀란티스일지도 모릅니다. 하지만 그 상
징들을 어디서 가져왔고 누가 새겼든 간에 그 메시지는
영원합니다. '당신은 끝없는 우주입니다.' 그리고 아직까
지 하나의 별밖에 보지 못했답니다.